La culture du Client

Sa construction en 20 morceaux choisis de mon apprentissage pragmatique du Client

Version révisée - Juillet 2024

Patrick Louis RICHARD

Copyright © 2018/2024 Patrick Louis RICHARD

Tous droits réservés.

ISBN KDP : 9781719929592

Table des matières

Introduction 4
1. Le Client, le définir pour mieux le servir ! 6
2. Les clients, qui sont-ils ? 10
3. Le Client, ses attentes envers la Marque ! 12
4. Le Customer Centric, dans tout cela ! 14
5. Créativité et proactivité 17
6. La stratégie Client, pilier de la culture du Client ? 19
7. Définir et mettre en œuvre sa stratégie Client ! 21
8. Quelle organisation pour la culture du Client ? 25
9. Créer de la valeur pour la Marque et pour le Client 29
10. La satisfaction du Client au meilleur coût 33
11. Les outils Client qui font la différence ! 37
12. Quels indicateurs de mesure ? 42
13. Cas concret ! 46
14. La Marque, doit-elle s'accommoder de la volatilité Client ? 52
15. La culture du Client dans l'univers du Client moderne 55
16. Assurer le meilleur équilibre entre qualité et productivité 59
17. La culture du Client au secours du mécontentement 63
18. Externaliser tout ou partie de sa culture du Client ? 66
19. *« Le client est roi ! »,* un slogan éculé ? 69
20. Pour le fun ! 71
Conclusion 77
Remerciements 78
À propos de l'auteur 79

Introduction

Mon aventure avec le Client a commencé depuis ma petite enfance, au Maroc ; plus exactement à Rabat. Là où j'étais chargé, par ma mère, à toute heure de la journée, et même tard le soir, de faire des commissions chez l'épicier du coin. Pas vraiment du coin à vrai dire, car je me vois encore accomplir de longues marches, pour acheter parfois une simple plaquette de beurre. Et le Client, c'était moi ou plutôt mes parents d'abord et moi ensuite par délégation, avec pour mission, leur contentement. Sinon, j'étais la victime de leurs brimades, de leurs coups. La table, c'était sacré ; rien ne devait manquer pour le repas.

Ainsi, j'ai débuté, à l'école de la vie, mon apprentissage de bon sens du Service, au sens noble et humain du terme. Rendre service sans broncher, mais aussi être servi avec la manière. Hors de question de me manquer de considération, même pour quelques dirhams dépensés. L'épicier devait se rendre disponible ; être à mon écoute avec le sourire, en toutes circonstances. Me proposer par exemple ses meilleurs fruits et légumes, bien charnus et à consommer dans les délais que ma mère avait pris le soin de m'indiquer scrupuleusement. Se souvenir de moi ; éviter de me confondre avec un touriste, en abusant sur le prix par exemple, comme essayé lors de ma première fois. Car son concurrent, au demeurant sympathique, n'était qu'à quelques encablures de là.

Considération ; respect ; confiance ; honnêteté ; hospitalité commerciale, ont été les briques originelles de ce qui allait être, à mes yeux, bien plus qu'un métier, mais une conduite dans la vie.

Fondé sur une expérience de quarante-cinq années du Service, au sens large, le présent ouvrage a pour ambition d'aider le lecteur à encore et toujours mieux servir son Client.

Ne pas s'attendre à retrouver ici les termes, couramment employés dans la G.R.C. : Gestion de la Relation Client, parce que, de mon point de vue, il convient de les dépasser, en particulier pour challenger les groupes anglo-saxons ; ceux-ci accordant au Client toute l'importance qu'il mérite d'avoir, en pilier majeur du développement qu'il est.

Ne pas s'attendre non plus au partage d'une vision conceptuelle, de certitudes, mais à celui des réalités, vécues et gérées, avec un regard singulier, avec un esprit analytique et critique de tous les instants, avec une volonté constante d'améliorer, en partenariat avec des équipes et des managers, remarquables et passionnés ; tant pour le compte des clients eux-mêmes, mais aussi pour le compte de ceux censés bien les servir et les satisfaire, à savoir les Marques* ou les Prestataires des Marques.

Ceci, en tentant de démystifier certaines idées bien ancrées, comme celle-ci : *« Le Client est roi ! »*.

(*) *« Marques »* est le terme générique, utilisé dans ce livre, qui m'a semblé le plus représentatif de toutes les structures, publiques ou privées, au service du Client, en adéquation avec la définition qui suit :

« Une marque constitue un signe ou un ensemble de signes distinctifs : nom, logo, valeurs. »

1. Le Client, le définir pour mieux le servir !

Débutons, ensemble, cette aventure extraordinairement passionnante, dans l'univers du Client, en abordant, dans un premier temps, les définitions du Client courantes ; charge à moi de vous faire découvrir, ensuite, celles plus personnelles, façonnées par mon apprentissage du Client, dans l'environnement des Marques.

La définition du dictionnaire, par exemple : *« Personne qui achète un bien chez un commerçant, qui paie une société pour un service ».*

Cette dernière a le mérite d'être claire, concise, précise et de sous-entendre la différence qui peut exister entre un Client et un consommateur. À savoir que le Client et le consommateur peuvent être différents. Elle reste toutefois vague, en particulier sur le renouvellement de l'acte d'achat d'un bien ou de paiement d'un service.

Autre définition courante : *« Un client est une personne qui achète régulièrement des services ou des choses dans un établissement commercial. ».* Contrairement à la précédente, cette définition intègre la notion de récurrence, si importante aux yeux des Marques, mais sans plus de précisions.

Mais aussi : *« Personne dont on parle, à qui on a affaire ».* Langage des avocats, des notaires, notamment.

Au-delà des définitions courantes, il est attribué, dans les usages, des qualificatifs au Client : client de passage ; client fidèle ; client facile ; client difficile ; client rentable ; client non rentable ; client actif ; client dormant ; nouveau client ; client ancien ou existant ; client à risques ; client Internet, etc.

Cependant, toutes ces définitions et tous ces qualificatifs ne permettent pas de faire précisément le lien entre le Client et les événements qui accompagnent son parcours, son expérience, avec la Marque. Événements auxquels cette dernière doit être particulièrement attentive, car les processus de gestion du Client, par exemple sur les comportements à adopter et sur les solutions à apporter, peuvent certes être harmonisés, mais pas standardisés au point de délivrer un service dénué de toute personnalisation, alors que la plupart des clients y sont attachés.

La prise de conscience de ceci constitue l'un des piliers de l'édification d'une culture du Client, digne de ce nom.

Ainsi, sans aller jusqu'à changer les définitions courantes sur le fond, mais simplement chercher à enrichir celui-ci, pour une meilleure appréhension et pour une meilleure gestion des attentes ainsi que des besoins du Client, voici comment a évolué ma définition du Client, au fur et à mesure des années passées à essayer de le comprendre, afin de mieux le servir, de mieux le satisfaire.

La toute première définition qui m'est venue à l'esprit, dans les prémices de ma découverte du Client : *« Un client est une personne qui revient »*. Autrement dit, le client de passage n'a pas le statut de Client, à la différence de la définition du dictionnaire.

Nous verrons plus tard que cette nuance a son importance, face à la volatilité des clients qui s'est considérablement amplifiée ces dernières années, avec l'ouverture à la concurrence, la crise économique et une guerre des prix encore plus féroce ; mais aussi avec l'arrivée de l'Internet : accès à une richesse d'informations sur le Marché, la concurrence, notamment via les comparateurs, et enfin avec l'assouplissement des dispositions pour résilier ou quitter la Marque pour une autre.

Les années passant, avec une meilleure maîtrise de l'expérience avec le Client, donc de l'ensemble des événements qui jalonnent son parcours avec la Marque, ma définition s'est affinée, en établissant une distinction entre les nouveaux et les anciens clients ; distinction déterminante en termes de suivi de la qualité et d'amélioration continue de la satisfaction Client.

Sous-entendre, par l'intermédiaire des courriers de relance recouvrement notamment, que le Client est un mauvais payeur, alors que le service pour lequel il est pour la première fois facturé n'a pas été mis en place correctement, ne pointe-t-il pas ces dysfonctionnements internes que l'on rencontre, bien trop souvent, au sein des structures cloisonnées ou ensilées ?

Fort de ce constat de bon sens Client, j'ai préconisé à ma hiérarchie, avec l'adhésion de mon équipe, de servir les clients nouveaux de manière différenciée.

Et ma définition du Client a ainsi évolué naturellement vers une dimension de service plus marquée ; l'essence même de la culture du Client : *« Le Client est celui qui a payé sa première facture »*. La Marque était un opérateur télécoms.

Tous les autres : ceux qui n'avaient pas encore payé leur première facture, n'étaient pas des clients au sens strict de cette définition. Ils étaient des *« clients nouveaux en attente de confirmation »*, parce que leur pleine satisfaction n'avait pas encore pu être validée, soit via un acte fort de leur part vers la Marque : paiement de leur première facture, soit via un acte fort de la Marque vers eux : *« Appel de bienvenue »* par exemple ou *« Welcome call »*.

Certes, il n'a pas été évident de faire adopter, en l'état, cette dernière définition par le marketing et les ventes, enclins à attribuer le statut de Client, dès l'acte d'achat du produit ou de souscription du service, en vue de justifier les coûts d'acquisition notamment. A contrario, je n'ai eu aucun mal à convaincre le Président Directeur Général et toutes les directions hébergeant des processus Client, comme la direction financière ou la direction technique par exemple.

Et ma définition du Client a pris une forme plus aboutie.

Voici, chères lectrices, chers lecteurs, ce qu'elle est devenue :

« Une personne, qui achète des biens ou qui paie des services, acquiert le statut de Client, lorsque la Marque sait garantir et mettre en œuvre les moyens d'assurer et de s'assurer de sa pleine satisfaction, depuis son premier achat ou souscription, et ce, durant toute son expérience avec elle. »

Être en mesure, pour la Marque, de définir son Client, a fortiori son Client Principal, sans distinction du chiffre d'affaires rapporté, est un préalable incontournable à la construction et au développement de la culture du Client.

2. Les clients, qui sont-ils ?

Des Particuliers et des Professionnels !

Aussi, nous parlons de relation entre la Marque et ses clients BtoB, quand elle est tournée vers les Professionnels et BtoC, quand elle tournée vers les Particuliers. Les deux existent aussi : BtoBtoC.

Mais en regardant de plus près, les clients, ne sont-ils pas finalement tous des Particuliers et dans certaines situations, à l'exercice de leur activité professionnelle ?

Cette approche plus fine est un des piliers de la culture du Client. À savoir tout mettre en œuvre pour servir le Client final qu'il soit directement celui de la Marque ou indirectement celui d'un client de la Marque.

Au-delà des deux catégories Client précitées, les usages ont donné le jour à plusieurs dénominations différentes, selon les structures publiques ou privées, les secteurs d'activité : abonnés ; souscripteurs ; assurés ; usagers ; utilisateurs numériques ; consommateurs ; clients grands comptes ou indépendants ; patients ou clients tout simplement.

Pourtant clients au sens des définitions, vues précédemment, et même avec des dénominations différentes, ils n'ont pendant longtemps pas été servis avec le même niveau de qualité. Simplement parce que les intérêts et les objectifs, notamment du secteur public et du secteur privé, n'étaient pas les mêmes. Le premier servait des clients qui naturellement ne pouvaient pas se passer de lui et le second servait des clients qui avaient le loisir de faire jouer la concurrence.

La situation a changé depuis, fort heureusement. Le secteur public s'est mis à diversifier ses offres et à avoir une vision du Client proche du secteur privé. Quant à ce dernier, fermement agressé par la concurrence, il a dû faire preuve en permanence d'ingéniosité créative, pour surprendre ses clients et les garder.

Mais des efforts conséquents restent encore à réaliser, en particulier pour les structures à fort développement, présentant un nombre conséquent de clients et où la qualité de service s'est dégradée au fil du temps.

3. Le Client, ses attentes envers la Marque !

Dans leurs fondamentaux, les attentes du Client n'ont pour ainsi dire pas changé, avec le temps : respect des engagements pris, considération par la Marque. Ceci s'applique à tous les clients qu'ils soient Professionnels grands comptes, Indépendants ou bien Particuliers, sans distinction de taille, de statut social, de métier, de moyens financiers.

C'est la confiance dans la Marque, s'instaurant au moment de l'acte d'achat ou de souscription, qui est sous-entendue ici. Confiance qui doit être maintenue pendant toute la relation, de la Marque vers le Client et du Client vers la Marque. Ceci va au-delà des actes de vente, d'achat, proprement dits. Ce dont il s'agit touche au développement de la culture du Client, dans sa dimension globale : commerciale, technique et gestion.

Le Client a horreur du vide, de la complexité pour la complexité. Il veut être en mesure de comprendre à toute occasion, car il n'est ni docile ni naïf. Les marques le sont probablement bien plus que lui.

Cependant, le Client d'aujourd'hui a évolué. Il est bien mieux informé. C'est un client averti, *« numérique actif »*, en particulier sur les réseaux sociaux et les forums ; véritables outils d'aide à la décision d'achat ou de positionnement vis-à-vis de la Marque. Il a un budget qui se restreint sans cesse, donc il est plus regardant, voire exigeant. Plus enclin à se manifester en cas de problèmes, il peut aller jusqu'à prendre le lead de leur résolution, notamment en cas d'inefficacité du service Client de la Marque ; assurément un très mauvais point pour elle ! Je viens de changer de smartphone pour cette raison précise, agacé de devoir m'auto-dépanner et surtout d'avoir un produit *« semi-fini »* entre les mains.

Le Client a aussi un vif intérêt pour *« l'innovation utile »,* si elle lui amène du confort et une facilité d'utilisation : boite à outils avec un mode d'emploi. Il est particulièrement attentif à la qualité, même s'il achète moins cher. Le challenge de la culture du Client est de réussir cet équilibre.

En résumé, le Client attend de la Marque, l'Excellence à travers une relation personnalisée et de confiance ! Et ce, quel que soit le prix payé et le canal utilisé pour interagir avec elle : omnicanal.

4. Le Customer Centric, dans tout cela !

La culture du Client va au-delà de ce qui est nommé *« Customer Centric »* : positionnement du Client au cœur des attentions et des préoccupations de la Marque.

Pourquoi ?

Parce que, dans les faits, la Marque se limite, assez souvent, à la relation commerciale, supportée par son dispositif Client.

Alors que la culture du Client est, structurellement et fonctionnellement, indépendante de telle ou telle organisation de la Marque : direction, département, service. Elle est clairement transverse, dans la mesure où elle a réussi à s'établir et à s'implanter. Ce qui n'est pas toujours le cas, sans tomber dans la caricature, en particulier dans les structures ayant connu ou connaissent un fort développement, principalement par le biais de la croissance externe : acquisitions, fusions, rachats.

Dans sa globalité, la culture du Client est la combinaison simple, harmonieuse, vertueuse et pragmatique, de mentalités, de comportements, de processus, d'outils et d'organisations, qui distinguent la Marque de ses concurrents, qui lui donnent une identité propre.

Portée par la stratégie Client, développée plus tard, la culture du Client a pour objectif ambitieux de parvenir à *« remplacer le C de Commerce par le C de Client »*, reprenant ici un slogan qui n'a pas manqué de faire son effet ainsi que son chemin, dans les entreprises qui ont eu recours à mes compétences, à ma solide expérience.

Pourquoi la culture du Client, favorise-t-elle la culture de la Marque ?

En philosophie, le mot culture désigne : « *Ce qui est différent de la nature, c'est-à-dire ce qui est de l'ordre de l'acquis et non de l'inné.* »

En sociologie, la culture est définie de façon plus étroite comme « *Ce qui est commun à un groupe d'individus et comme ce qui le soude* ».

La culture du Client est un mixte des deux définitions, philosophique et sociologique. C'est d'abord l'apprentissage du Client par chacun des acteurs de la Marque, puis la volonté de mettre en commun une dynamique, individuelle et collective, tournée vers la pleine satisfaction du Client : qualité délivrée et qualité perçue.

Et « *remplacer le C de Commerce par le C de Client* » s'inscrit idéalement dans cette démarche. La culture du Client ne se borne pas à vendre des produits, à faire souscrire à des services, elle sort de sa zone de confort en délivrant au Client le meilleur de la Marque, et ceci, a minima à chaque fois que les deux interagissent ensemble. Nous parlons, dans ce cas, d'une culture du Client, omnicanal : plusieurs canaux d'interaction avec la Marque. Cet aspect sera étudié dans un prochain chapitre.

Par ailleurs, la culture du Client ne doit pas être la crainte des lendemains sans le Client : attrition, mais la confiance qui fait que chaque « *aujourd'hui* » montre combien la Marque aime son Client, combien elle agit, à tout instant et en tout lieu, pour le satisfaire, dans la mesure où ses souhaits, ses demandes, restent raisonnables.

Faire preuve, encore et toujours, d'un sens aigu de l'observation, de l'écoute, de l'analyse ; avoir une réactivité maximale pour suivre, sans décalage, les évolutions des comportements, des besoins du Client, guidées par l'innovation et les usages qui en découlent, c'est « *souder* » la culture du Client à la stratégie de développement de la Marque :

- Pour être là au bon moment, au bon endroit, avec le bon produit ou le bon service, au juste prix, dans le monde du deux fois plus vite, deux fois moins cher.

- Pour aller à la rencontre de son Marché afin de mieux l'appréhender, là où il est le plus actif et réactif ; un marché au sens étymologique du terme, comme celui aux légumes, aux fromages ou aux poissons.

Mais la culture du Client, ce sont aussi et surtout les collaborateurs de la Marque qui prennent l'étendard du Client pour être son meilleur porte-parole, son meilleur allié et son meilleur défenseur, au besoin ; pas le défenseur de la Marque, pour exclusivement vanter les mérites de ses produits ou de ses services.

À la Marque, pour que cela fonctionne et devienne sa culture, d'apporter à ses collaborateurs ce confort de travail et cet épanouissement, indispensables, qui feront qu'ils donneront le meilleur d'eux-mêmes au service du Client.

Il existe d'ailleurs des similitudes entre la culture du Client et la culture du Collaborateur. Leurs parcours sont proches ainsi que les problématiques associées. Un rapprochement des deux est en soi une excellente initiative à avoir ; rapprochement qui peut se faire, par exemple, via un partenariat interne entre la Direction des Ressources Humaines et la Direction de la Relation Client.

Enfin, la culture du Client ne peut être comparée aux chartes qualité qui tapissent les murs des organisations de la Marque. Elle est la preuve, vivante et concrète, des valeurs individuelles et collectives de ses acteurs, au service indéfectible du Client.

La culture du Client ne s'affiche pas !

La culture du Client vit et se vit. Elle se développe et s'entretient !

5. Créativité et proactivité

La concurrence est rude et la marge pour proposer des prix ou des tarifs compétitifs est de plus en plus étroite. Aussi, avoir une culture du Client, créative et proactive, est vital pour la Marque. Cependant, cela s'arrête trop souvent au stade des intentions.

Parce que la Marque opère, la plupart du temps, en mode curatif ou réactif, avec son Client. Ayant pour priorités le développement commercial ; l'atteinte des objectifs fixés ; la rentabilité, la Marque oublie parfois que le Client a une vie après l'achat d'un bien ou après la souscription d'un service. Croire que la Marque dispose d'un pouvoir sur le Client, bien plus puissant que celui du Client vis-à-vis de la Marque, constitue une erreur pouvant être fatale, en particulier depuis l'avènement du Numérique, où le pouvoir d'influence et de décision change progressivement et résolument de camp.

Professionnel ou Particulier, le Client est unique. Il refuse toute forme de traitement banalisé ou standardisé de ses demandes. D'ailleurs, il ne manque pas de le signaler quand c'est le cas.

Le Client n'apprécie pas non plus que la Marque ignore, à travers son comportement envers lui, qui il est ; ce qu'il aime ; ce en quoi il croit ou ne croit pas ; ses petites habitudes, voire ses petits caprices qui font son identité propre, sa singularité, distinctement des autres clients.

C'est à un service, adapté et efficace dans la résolution définitive de ses besoins, de ses demandes, que le Client s'attend. Il souhaite aussi que la Marque soit proactive dans la compensation des préjudices qu'elle lui fait subir ; par exemple, l'immobilisation d'un service ou la non-possibilité d'user d'un bien pour des raisons techniques ou autres, alors qu'il a payé.

Anticiper les demandes du Client est un devoir pour la Marque !

En matière d'exigences, le Client fait rarement la différence entre un groupe et une PME. Qu'elle ait 1000 clients ou 1000.000, la Marque doit faire preuve de la souplesse d'une danseuse étoile pour se démarquer de la concurrence.

La culture du Client bénéficie, en particulier avec l'avènement du Numérique, de moyens exceptionnels pour tendre vers l'Excellence, en termes de satisfaction Client au meilleur coût.

Ainsi, elle est en mesure de garantir le même niveau de service quels que soient les canaux d'accès choisis par le Client, comme s'il évoluait dans l'espace virtuel unique de la Marque. Un espace qui aligne, sur les mêmes processus de gestion, tous les canaux à disposition du Client pour interagir avec elle : canaux physiques et numériques.

En synthèse, avoir une culture du Client créative et proactive, c'est parvenir à toujours faire mieux, à des coûts millimétrés. Et là seuls, le talent, le sens de l'organisation et l'expérience Client, réunis, permettent d'atteindre ce double objectif. Il n'y a pas de place pour l'approximation, il faut viser juste du premier coup, avec le support de managers de haut niveau et d'équipes bien formées, rapidement opérationnelles.

6. La stratégie Client, pilier de la culture du Client ?

La réponse, de bon sens, à cette interrogation est *« oui »*. Avant de s'installer en tant que culture de la Marque, comme un produit lancé sur le Marché s'installe avec les usages, la culture du Client se doit d'être portée par la stratégie Client ; pensée et organisée en mode projet.

Mode projet à l'image de celui de la conduite du changement, dont les étapes-clés sont définies par la gouvernance de la Marque, en étroite collaboration avec ceux qui pratiquent le Client au quotidien.

Une stratégie Client, partagée avec tous les acteurs, comprise et mise en œuvre, sur ces trois dimensions, interdépendantes et indissociables, que sont les Processus, les Outils et les Organisations, structurée par les réponses apportées au questionnement suivant :

Où voulons-nous aller ? La Cible Client !

Où en sommes-nous ? L'Existant Client !

Quel chemin reste à parcourir ? Les Écarts Client !

Comment allons-nous atteindre notre objectif ? Le Plan d'Action Client avec les jalons clés, les livrables, les échéances, les moyens, les budgets, etc., !

La stratégie Client, porteuse de la culture du Client, englobe tous les métiers de la Marque, en mesure de créer de la Valeur pour elle-même et pour ses clients.

Elle construit des passerelles entre les silos *« métiers »,* créés avec le temps et les usages ; installe, par ce biais, un mode de fonctionnement des plus transverses, au pouvoir fédérateur incontestable. Parce que le Client est partout, *« Tous pour un, le Client »* ne tarde pas à devenir le slogan de la Marque !

Pour mieux comprendre l'importance de la stratégie Client, il convient d'avoir à l'esprit que plusieurs marques recrutent, sur des périodes relativement courtes, un nombre conséquent de clients, via des campagnes, commerciales et marketing, agressives ; clients dont la structure ainsi que la qualité sont à l'image des méthodes employées pour les acquérir. Et cela se ressent sérieusement dans leur attachement à la Marque, quasiment programmé d'avance. Tout ceci avec des dispositifs Après-Vente et Gestion de la Relation Client qui peinent à suivre le rythme et à absorber les volumes ; d'autant que les dysfonctionnements internes qui ne manquent pas, en pareils cas, augmentent sensiblement le flux des demandes Client.

Par ailleurs, le Client devient, assez souvent, une source d'agitation majeure quand les courriers de réclamations inondent les bureaux des dirigeants ; quand le taux d'attrition atteint un niveau alarmant. Plus de 20 % par an pour certaines marques ayant pignon sur rue ; pas une fatalité cependant, mais bien la conséquence de…

Aussi, pour que le C de Commerce puisse être remplacé par le C de Client, il n'y a pas deux directions, mais une seule.

La Marque doit nécessairement se doter, en mode conduite de projet, d'une stratégie Client, porteuse de la culture du Client qui deviendra progressivement la Culture de la Marque ; le Commerce, moteur du développement, ayant à l'évidence une place prépondérante dans cette stratégie.

Rejoindre les meilleures pratiques et les meilleurs performeurs du Marché passe et passera, de plus en plus, par ce chemin.

7. Définir et mettre en œuvre sa stratégie Client !

Comme indiqué, la stratégie Client, qui porte la culture du Client pour devenir la culture de la Marque, fait du Client un pilier majeur du développement et de la rentabilité : contribution Client. Elle est la baguette de ce chef d'orchestre qu'est la Gouvernance.

La stratégie Client est, à la fois, l'implication et l'engagement d'Excellence envers le Client de tous les acteurs de la Marque, qu'ils aient un lien direct ou indirect avec lui, dans l'exercice de leur métier : tous sans exception !

Comme je l'ai fait pour le Client, voici ma définition de la stratégie Client :

« La stratégie Client est le choix fait par la Marque de baser sa croissance organique sur un véritable partenariat de services, tourné vers l'Excellence, entre elle et ses clients Professionnels et/ou Particuliers, dans le but de créer de la Valeur réciproque ».

La Marque pense Client !

La Marque agit Client !

La Marque sort des schémas classiques pour ne pas dire des écosystèmes où le Commerce et le Marketing, son outil, sont le fer de lance !

Comment avoir une politique commerciale, efficace et rentable, si derrière le Client acquis n'est pas correctement servi ? Si derrière, il n'y a ni respect des engagements ni considération. Et encore plus grave, si le nouveau Client connaît les pires difficultés avec ses premiers achats ou ses premières souscriptions. Sans compter les anciens clients qui voient la Marque les négliger, pour faire les yeux doux aux Prospects.

Remplir une baignoire pleine de trous, voilà ce que la Marque cesse de faire avec une stratégie Client clairement définie, partagée, comprise, mise en œuvre, coordonnée et suivie.

Recruter en masse aujourd'hui, sans précautions élémentaires, c'est perdre en masse demain. Précautions, tellement basiques que ce sont bien trop souvent les clients eux-mêmes qui les rappellent à la Marque.

Quel immense gâchis que de dépenser des milliers voire des millions d'euros dans des outils comme les CRM, s'ils ne s'appuient pas, dès le départ, sur une stratégie Client établie et sur l'adhésion des utilisateurs finaux.

Comment la Marque, va-t-elle définir, communiquer et partager sa stratégie Client ?

Définir sa stratégie Client est apporter une réponse précise, complète et détaillée en termes d'actions à mener, aux questions suivantes :

- Qui est le Client Principal de la Marque, pas au sens chiffre d'affaires, mais de la définition même ?

- Qu'attendent le Marché, les Prospects, les Clients précisément de la Marque ?

- Et la Marque, qu'attend-t-elle à son tour de son Marché, de ses Prospects, de ses Clients ?

- Que fait la Marque pour ses Clients et qu'a-t-elle prévu de faire pour eux dans les années qui viennent : vision Client et création de Valeur réciproque ?

- Qui participe à l'élaboration de la stratégie Client ?

- Comment la stratégie Client, va-t-elle être communiquée, partagée ?

- Par qui la stratégie Client de la Marque, va-t-elle être portée au quotidien ?

Liste non exhaustive !

Communiquer et partager sa stratégie Client, une fois établie dans ses moindres détails, est aller chercher chez tous les acteurs de la Marque, dont les opérationnels, l'adhésion complète et indispensable à sa mise en œuvre, dans les meilleures conditions de succès.

La démarche de communication et de partage s'appuie sur le même dispositif que celui utilisé dans le cadre la conduite du Changement :

- Présentation de la stratégie Client, lors de réunions plénières ;

- Réunions en petits comités, sur des aspects précis ;

- Vaste communication numérique, en tout lieu, y compris les salles de restaurant, les espaces de repos.

La stratégie Client de la Marque doit être un secret pour personne, avec, à chaque fois, une validation de sa bonne compréhension, sous la forme d'un quiz, par exemple.

Une fois définie, communiquée, partagée et comprise, comment mettre en œuvre sa stratégie Client et son Plan d'Action ?

Aussi fonctionnellement que possible !

- Opter pour le mode projet, avec un chef de projet, recruté en interne et libéré de ses missions habituelles ; ayant fait preuve d'un leadership affirmé et ayant à son actif des projets transverses importants, menés à bien et réussis ;

- Rattacher le chef de projet *« stratégie Client »* directement aux dirigeants, qu'ils soient CEO, PDG ou DG ;

- Faire appel à un ou plusieurs intervenants externes, pour épauler le chef de projet et partager cette vision neutre, objective et audacieuse, que les personnes en interne ne peuvent pas toujours avoir ;

- Constituer un Comité Projet, associant tous les métiers de la Marque, directement ou indirectement, en relation avec le Client ;

- Définir des jalons-clés avec des échéances réalistes, tenant compte notamment de la charge de travail courante de chacun des contributeurs ;

- Privilégier les livrables en mode victoires rapides : pas ou peu de développements informatiques ;

- Bâtir un Reporting Projet, permettant, en particulier aux Dirigeants, de s'assurer régulièrement du bon déroulement de la mise en œuvre de la stratégie Client, qui ne peut pas se dispenser d'un soutien inconditionnel, apporté au Chef de Projet ; le sujet Client étant, assez souvent, au centre de guerres de chapelles internes…

En synthèse, définir et mettre en œuvre sa stratégie Client, sont, pour la Marque, une occasion unique de fédérer, comme jamais, ses acteurs et de donner un sens à leur présence ; tout en se démarquant significativement de la concurrence.

8. Quelle organisation pour la culture du Client ?

Avant d'entrer dans le vif du sujet, il m'a semblé opportun de rappeler que la culture du Client n'est pas circonscrite aux organisations en charge de traiter, spécifiquement et définitivement, les demandes Client. Elle concerne et relie tous les métiers de la Marque, en interaction directe ou indirecte avec le Client, par le biais des Processus, des Outils et des Organisations, dont les dysfonctionnements ne font que renforcer le mécontentement Client, source d'attrition.

De quels métiers, parle-t-on précisément ?

Il s'agit principalement du Commerce ou du Développement, incluant les ventes et l'après-vente ; du Marketing traditionnel et numérique ; de la Logistique ; de l'Informatique ; de la Finance, dont la facturation et le recouvrement ; de la Qualité ; des Ressources Humaines : recrutement, formation et gestion ; de la Production ; des Achats ; de la Fabrication ; …

En tant que fer de lance de la culture du Client, la Marque doit pouvoir s'appuyer en interne sur une organisation physique, alliant efficacité, réactivité, flexibilité, créativité, proactivité, qualité de service et productivité.

Organisation, comme indiqué auparavant, qui est idéalement rattachée à la plus haute instance de la Marque, différente selon la taille des structures et leur caractère public ou privé ; ceci par souci de neutralité hiérarchique et organisationnelle, de non-ingérence, mais également dans la perspective de tendre vers l'Excellence Client.

Autre point d'importance : la culture du Client, dans son environnement Cible (cœur de métier) ne peut pas être entièrement externalisée, sinon la Marque se priverait de l'apprentissage Client, essentiel à sa pérennité.

Apprentissage Client d'autant plus évident que la Marque est très active en termes de lancements de nouvelles offres, de nouveaux produits pour une meilleure résistance et compétitivité face à son Marché.

Voici à présent l'organisation, garante et gardienne de la culture du Client portée par la stratégie Client, que j'ai mise en place, avec le support des dirigeants et des équipes, au sein des marques que j'ai eu le plaisir de servir, de la start-up au groupe international, en France et à l'étranger.

Organisation qui a donné entière satisfaction et qui a permis, en consolidé, de recruter, de fidéliser et de gérer, plus de dix millions de clients, Particuliers et Professionnels ; avec des économies substantielles réalisées sur les coûts Client, grâce notamment à l'amélioration continue de la qualité, délivrée et perçue.

La Direction de la Relation Client, Customer Operations, comportait trois Pôles interdépendants :

- **Le Pôle Support aux Opérations Client,** constitué de spécialistes des Processus, des Outils et Méthodes ainsi que de la Qualité Client, sans oublier ceux de la fidélisation et de la rétention Client, dont la mission principale était de procurer aux Opérations Client, internes et externes, les moyens nécessaires à la pleine satisfaction du Client, sur l'intégralité de son cycle de vie avec la Marque ; sachant que les Opérations Client avaient également en charge la majeure partie du recrutement Client, par le biais de contacts entrants et sortants : cas des opérateurs télécoms, par exemple.

Et parmi ces moyens, il y avait précisément : les bases de connaissances ; les procédures de traitement des demandes Client, dont les scripts, et ce, pour tous les canaux d'interaction ; la correspondance Client avec des modèles de courriers de réponse standards, semi-personnalisés et personnalisés ; les outils de gestion des flux entrants et sortants, d'historisation des demandes Client ; les reporting ; les indicateurs clés de qualité et de productivité - KPI ; les scripts de vente, d'up et de cross selling, de fidélisation, de rétention ; etc. ;

- **Le Pôle Coordination des Prestataires Client,** dont la mission principale était d'assurer la mise en place, la coordination et le suivi, de tous les prestataires, internes et externes, au service des clients de la Marque ;

- **Le Pôle Opérations Client ou Production Client, interne* et externe,** dont la mission était d'assurer, de façon continue et pérenne, la satisfaction du Client, en particulier via la prise en compte et la résolution, efficace et définitive, de ses demandes, tous canaux d'entrée confondus : Front et Back Office, mais également d'administrer les remontées Client sur les dysfonctionnements, de manière structurée, permettant ainsi aux métiers de la Marque d'améliorer leurs Processus, leurs Outils, leurs Méthodes, afin d'épargner au Client bien des désagréments.

(*) Le Pôle Opérations Client ou Production Client interne était, en quelque sorte, le laboratoire d'expérimentation, de traitement et de mesure, de la portée des nouvelles actions de la Marque vers ses clients, jusqu'au moment où le traitement des contacts Client pouvait être déployé, autrement dit confié à des prestataires Client externes. Le Service Relation Consommateurs était au sein de ce Pôle.

En synthèse, toute l'efficience de la culture du Client, portée par la stratégie Client, par le biais de son organisation physique, la Direction de la Relation Client, tient dans une complémentarité et une synergie parfaite entre les trois Pôles, mentionnés ci-dessus, et l'ensemble des autres Métiers de la Marque, en lien direct ou indirect avec le Client.

C'est là que le mot *« culture »* dans culture du Client prend toute sa dimension, toute son importance, au service de l'Excellence Client, opérationnelle et comportementale.

9. Créer de la valeur pour la Marque et pour le Client

« Le Client est créateur de valeur, pour la Marque et réciproquement ! »

Une évidence que des marques ont eu tendance à négliger pendant des décennies, multipliant de ce fait les sources d'insatisfaction Client. Mais une concurrence mondiale de plus en plus féroce, au milieu de crises à répétition, les a rappelées à l'ordre. Ainsi, introduire et maintenir une véritable culture du Client, sont devenues des priorités pour les marques.

Création de valeur par le Client pour la Marque qualifiée de *« capital Client ou contribution financière totale du Client »* qui regroupe deux composantes essentielles : le capital Marque et le capital Relationnel.

Comment mesurer le capital Client ?

Avec des indicateurs clés, vieux comme le Business, calculés client par client, segment, par segment : le chiffre d'affaires ; la contribution par Client ; le taux de fidélité ; le taux de satisfaction ; etc.

Et pour évaluer le capital Client, il existe plusieurs méthodes listées ci-après :

- **Règle de Pareto - Les 20/80.** 20 % des clients réalisent 80 % du chiffre d'affaires de la Marque ;

- **Customer life time value** - Valeur vie Client : somme des profits attendus sur la *« durée de vie »* du Client, ajustés de l'inflation ;

- **Clients, selon Don Peppers et Martha Rogers**, partant du principe que tous les clients ne sont pas égaux, qu'ils n'ont pas la même valeur, les mêmes envies. Segmentation, clients les plus profitables ; clients à croissance maximum et clients non rentables.

Faire que le capital Client, que se disputent toutes les Marques quelle que soit la conjoncture, se développe au fil du temps, est le fondement même de la culture du Client, garante et gardienne de la satisfaction ainsi que de la rentabilité du Client.

Certes, les prix, les tarifs, sont les éléments qui font pencher la balance en faveur d'une Marque plutôt qu'une autre. Mais une fois que le choix est fait, que le Client est conquis ou recruté, c'est bien la Qualité de Service et tout ce qui l'accompagne qui impactent sensiblement la croissance de la valeur créée par le Client, selon son budget, sa marge de manœuvre financière.

Parce que le budget du Client est une donnée essentielle à considérer pour la Marque.

Jusqu'où le Client, peut-il aller ?

Dans quelles circonstances ; dans quelles situations ; au cours de quels événements, dépense-t-il le plus ?

Va-t-il vouloir faire des folies, déroger à sa rigueur budgétaire ou bien continuer à faire la chasse au moindre euro, en négociant âprement, en vue d'obtenir le meilleur prix ?

Durant combien de temps et à quelle fréquence, va-t-il montrer son attachement à la Marque ?

Autant d'incertitudes qui montrent, à quel point, il est important, pour la Marque, de ne pas rater la moindre occasion de renforcer la relation avec son Client et de créer encore plus de valeur, grâce à lui. Ceci en étant attentive à ce qui se passe sur les réseaux sociaux et sur les forums ; là où les utilisateurs digitaux sont très influents, pouvant être, soit des promoteurs, soit des détracteurs.

Cependant, que cela, signifie-t-il pour les acteurs *« opérationnels »* de la culture du Client, éloignés, dans leur quotidien, de ces calculs de rentabilité dont sont friands les dirigeants, pour se rassurer et rassurer leurs actionnaires ?

Et bien tout, sauf des chiffres !

Car chacun a une idée des limites d'une culture du Client, principalement pilotée par les chiffres. Ceux-ci, ne font-ils pas que générer du stress et de la frustration, pour une légitimité contestable : verre à moitié vide ou à moitié plein, selon les intérêts et les enjeux ?

Créer de la valeur par le Client, au quotidien, repose sur une présence, sur une écoute, sur une honnêteté, sur un dévouement, sur une simplicité, sur un pragmatisme, sur une transparence, sur une capacité voire même un don de la Marque à rendre la vie, professionnelle ou privée, de son Client, plus confortable, à l'abri des tracas chronophages, en temps et en argent.

Créer de la valeur par le Client, pour la Marque, ne va-t-il pas sans créer de la valeur pour le Client, lui-même ?

Par exemple, une Marque grossiste alimentaire qui conseille et accompagne son Client restaurateur, donc Professionnel, en vue de donner de l'originalité à ses menus, crée de la valeur pour ce dernier via la satisfaction de ses propres clients : clients finaux - BtoBtoC.

Ces mêmes clients qui contribueront, en particulier par le *« bouche-à-oreille »*, au développement de son business.

À retenir de ce morceau choisi de l'apprentissage pragmatique du Client :

« La création de valeur réciproque est le résultat d'un partenariat d'intérêts sur la durée, entre la Marque et son Client, qui fait que chacun s'y retrouve. »

Enfin, pour la Marque, donner du confort et de la satisfaction à ses clients, c'est faire preuve également de la même volonté à l'égard de ses salariés. Et globalement à l'égard de tous les acteurs qui font sa présence et sa pérennité, sur son Marché.

10. La satisfaction du Client au meilleur coût

Après avoir relevé le défi du juste équilibre entre la Qualité et la Productivité, la culture du Client est maintenant face au défi de la satisfaction du Client, au meilleur coût.

Quoi de plus naturel dans un contexte où les coûts, en particulier les coûts cachés, sont traqués comme le renard dans le poulailler.

Voici, avec quelques astuces en mode victoires rapides, issues notamment de mon parcours au sein de marques à bas prix et à moindres coûts : low cost, où maintenir, avec peu de moyens, la culture du Client n'est pas vraiment de tout repos, comment réussir à satisfaire le Client au meilleur coût :

- **Traiter les nouveaux clients de manière différenciée,** en investissant sur les contacts de bienvenue d'aujourd'hui qui feront les grandes économies de demain : détection et résolution des premiers signes d'insatisfaction, évitant la réitération des contacts donc des coûts ; prévention des risques de refus de paiement ; lutte contre l'attrition des nouveaux clients - churn on new ;

- **Ne pas hésiter à déroger à certains principes,** comme la nécessité de répondre au Client par le même canal que celui qu'il a utilisé pour formuler sa demande.

    Par exemple devoir répondre par courrier postal aux demandes Client arrivant par ce biais. Bien sûr que non !

    Le Client ne s'offusquera jamais de recevoir un appel ou un email suite à une demande par courrier, à la condition que cette demande ne soit pas plusieurs demandes, en une seule, avec un historique de mécontentement à la Prévert. Dans ce cas, la réponse par courrier postal est le moyen le plus approprié ;

- **Supprimer les dispositifs de mesure de la Qualité délivrée superflus et coûteux,** comme par exemple les *« appels mystères »* et privilégier la mise en place en interne d'un processus de Monitoring de la Qualité : écoutes régulières avec débriefing à l'issue, des acteurs de la Gestion de la Relation Client, exclusivement basé sur la résolution de la demande du Client au 1er Contact : F.C.R. First Contact Resolution.

Une grille d'écoute simple, avec des items enrichis d'explications, qui s'appuie sur un score pénalisant les conseillers Client qui ne respectent pas scrupuleusement les processus de résolution définitive des demandes Client, suffit à faire baisser sensiblement l'insatisfaction Client, donc les coûts associés ;

- **Automatiser le plus possible les chaînes de traitement des demandes Client, tous canaux d'entrée confondus** : physique ; téléphone ; fax ; courrier ; email ; tchat, afin d'assurer un contrôle complet de chaine de résolution, de la réception à l'envoi de la réponse : numérisation des courriers Client papier, là encore dans le but d'éviter la réitération des contacts et le mécontentement Client ;

- **Établir des routines** : fiches de liaison formatées, entre les différents Métiers de la Marque, dont la Gestion de la Relation Client, pour la remontée des informations Client indispensables à l'éradication des dysfonctionnements de leurs processus et outils respectifs. À analyser et à commenter lors de réunions régulières ;

- **Externaliser toutes les activités de la Relation Client à faible valeur ajoutée Client,** pour ne garder, en interne, que les activités sensibles en termes de satisfaction Client. Par exemple, externaliser le niveau 1 commercial et technique et garder en interne les niveaux 2 et suivants, pour les clients existants ou anciens.

Sachant que toutes les activités de la Gestion de la Relation Client à destination des nouveaux Clients ou des anciens clients identifiés comme à risques : historique d'insatisfaction lourd, sont, systématiquement et par sécurité, considérées à haute valeur ajoutée, donc à gérer en interne, dans la mesure du possible ;

- **Renforcer préventivement, techniquement et en ressources le Service Après-Vente, physique et à distance,** notamment pour les e-commerçants, forts de cette expérience qui montre combien le numérique rapproche du physique. La plupart des clients achetant plutôt mal en ligne : électroménager, informatique, téléphonie, etc. Afin d'éviter un engorgement qui ne fera qu'accroître le mécontentement des clients ;

- **Réduire les créneaux horaires d'ouverture du Pôle Production/Opérations Client**, selon l'observation et l'analyse du trafic Client, afin de toujours être en mesure d'apporter un service complet et non dégradé.

Une Gestion de la Relation Client, opérationnelle 24 heures sur 24, 7 jours sur 7 ; est un luxe que seules peuvent se payer les marques de notoriété mondiale, implantées dans plusieurs pays et jouant sur le décalage horaire, pour être présentes à toute heure ;

- **Lutter contre la sur-qualité et les coûts liés.** Il est clair que toutes les marques aspirent à avoir la meilleure Relation Client du Marché, mais à quel prix ?

    Une qualité de service, au-dessus de 85 %, est coûteuse en ressources pour un impact satisfaction Client, réel, restant à démontrer. Certes, les clients n'aiment pas trop attendre, mais ce qui est sûr est qu'ils aiment encore moins avoir à réitérer leurs demandes par téléphone ou en se déplaçant, parce qu'ils n'ont pas été bien servis la première fois.

Ces astuces en mode victoires rapides : sans développements informatiques importants, ont permis de réduire sensiblement le nombre de contacts par Client Actif, sur une période considérée, et son corollaire le coût de contact par Client Actif, donc le taux de réitération.

En synthèse, une culture du Client, supportée par une Gestion de la Relation Client, agile, à des coûts millimétrés, en ligne avec la Stratégie Client, a un impact certain sur la satisfaction Client. Sans oublier que ce sont les acteurs de la Marque qui font la majeure partie de travail, avec engagement, compétence, talent, ingéniosité.

La satisfaction Client au meilleur coût est donc avant tout une affaire d'hommes et de femmes, bien plus qu'une affaire de gros moyens.

11. Les outils Client qui font la différence !

Ce nouveau « *morceau choisi* » de l'apprentissage du Client, sur le thème des outils Client, se veut empreint de simplicité et de clarté. Choses plutôt rares s'agissant d'informatique, assez souvent construite par empilage, au point que personne ne sait vraiment reconstituer son histoire, avec la Marque. Parce que la complexité n'est pas dans les gènes du Client et a fortiori dans ceux de la culture du Client.

La Marque, doit-elle absolument se doter d'un outil CRM : Customer Relationship Management, pour construire et installer sa culture du Client ?

Doit-elle disposer de ses propres outils de Gestion de la Relation Client, comme les outils de téléphonie, d'escalade des demandes Client ou de GED : Gestion Électronique des Données ?

Commençons par tenter de répondre objectivement à la question sur le CRM. Dès lors que le Client de la Marque évolue dans un univers physique et dans un univers numérique, la réponse est assurément « *oui* » !

Voici, de manière synthétique, ma vision de l'outil CRM :

« *Un recueil dynamique, fait d'architecture et d'informatique, écrit par chacun des acteurs de la culture du Client, où se raconte, dans le respect de son unicité et de sa personnalité, l'Expérience du Client avec la Marque et de la Marque avec le Client.* »

Outil qui permet de répondre, dans un seul et même univers de gestion, aux trois questions suivantes :

- Qui est le Client dans son identité, sa personnalité, à travers son comportement, ses besoins, ses attentes ?

- Quels produits et services de la Marque, détient-il ?

- Quelles relations le Client, entretient-il avec la Marque et réciproquement, par le biais des canaux d'interaction physiques et numériques ?

L'univers de l'Expérience et de la Connaissance approfondie du Client, mais pour quoi faire ?

Surtout pas n'importe quoi, et n'importe quoi, c'est par exemple :

- *« Traquer »* **le Client dans tous ses faits et gestes,** pour lui proposer ici, ce qu'il est allé chercher ailleurs : pages internet consultées, lieux fréquentés, habitudes de consommation, de sorties, de voyages. Dire, à ce stade, que le Client n'apprécie pas trop *« être épié », « être harcelé »,* attaché qu'il est à sa liberté tant pour choisir que pour rester, n'est guère se fourvoyer ;

- **Croire que les agissements du Client relèvent d'une science si exacte que la Marque peut prévoir, sans risquer de se tromper, les étapes d'après**, donc ce que le Client projette de faire, d'acheter, d'utiliser, de fréquenter. Gare aux mauvaises surprises, car l'apprentissage du Client montre combien il est insaisissable ;

- **Imaginer que le Client est acquis dès lors qu'il est tenu par des engagements, contractuels et pécuniaires**, par la conviction qu'aller ailleurs est compliqué pour lui ; par le temps qu'il ne trouvera jamais pour se défaire de… ; par l'ancienneté de la relation qu'il a avec la Marque et sa fidélité relative. Là encore, gare aux désillusions.

Si le CRM doit servir à quelque chose, c'est bien pour accompagner ; pour guider ; pour conseiller ; pour aider ; pour faciliter, mais jamais pour espionner ; pour inquiéter ; pour décevoir ; pour agacer ; pour mettre à nu ; pour prétendre ; pour avoir la certitude. Être dans le : *« Je pense que »*, plutôt que dans le *« Je sais que »*.

Comment choisir son outil CRM ?

En s'assurant d'abord que la Marque dispose bien d'une stratégie Client écrite, communiquée, partagée et comprise, avec les bons acteurs partout, pour conduire et animer cette stratégie. Comme tous les outils, le CRM ne vit que par les usages et les usages, ce sont les utilisateurs finaux qui les installent et les maintiennent sur la durée.

Sans l'adhésion des utilisateurs finaux, donc des acteurs directs de la culture du Client, le CRM est et restera le *« joujou extra »* d'une direction, d'un département, d'un service !

Fort de ce qui précède, le choix par la Marque de son outil CRM n'est pas l'exclusivité d'une direction comme le Marketing, le Commerce ou l'Informatique, mais celui de tous les métiers, sans exception.

À l'instar de la culture du Client, le CRM, qui est bien plus qu'un outil, mais un véritable processus d'optimisation, est transverse Métiers et rassembleur de tous les acteurs de la Marque !

Et si la Marque n'est pas encore prête à disposer d'un CRM, il n'y a pas péril en la demeure. J'ai changé la façon de voir et d'organiser le Commerce d'un groupe de 8 milliards d'€, avec de simples observations terrain, reportées manuellement sur des fiches papier par les équipes ; traitées et analysées, à partir d'un tableau Excel.

Bien garder à l'esprit que tous les acteurs de la Marque réunis constituent son plus puissant CRM, par la masse d'informations sur le Client, d'une richesse inestimable, qu'ils détiennent, individuellement et collectivement.

Informations qu'il conviendra de reporter dans le CRM, comme l'une de ses premières sources d'alimentation, de documentation. Admettre aussi que le meilleur des CRM sans un contact, physique ou téléphonique, régulier avec le Client, est un jouet des plus coûteux, placé au fond d'une malle.

Quels sont, à présent, les outils spécifiques nécessaires à l'organisation portant la culture du Client, en dehors du CRM ?

Qu'ils opèrent au sein d'un point de vente, à distance ou via le Numérique, les acteurs de la culture du Client, du manager au conseiller en passant par le vendeur, doivent disposer, a minima, d'applications les reliant directement au système de gestion informatique du Client ; et plus exactement, à toutes les interactions Métiers que la Marque a avec son Client : contractualisation ; commande ; livraison ; installation, mise en service ; facturation ; recouvrement ; résiliation ; achat de nouveaux produits ou souscription de nouveaux services.

Ici, c'est de l'outil ERP : Enterprise Resource Planning, dont il s'agit.

Avant la mise en place d'un CRM, c'est l'ERP qui est utilisé par la Gestion de la Relation Client, mais le second n'a rien de comparable, sur l'ergonomie, avec le premier ; notamment la vision 360° qui donne, en un seul coup d'œil, au conseiller Client, toutes les informations indispensables pour mieux connaître, servir et satisfaire le Client.

Autres outils, à l'usage de la Gestion de la Relation Client principalement, qui, interfacés avec l'ERP et le CRM de la Marque, font la différence : plates-formes techniques réunissant, dans le même espace virtuel, tous les moyens d'accès offerts au Client.

De quoi parle-t-on exactement ?

- Des outils de téléphonie : ACD, CTI, SVI, Gestion des listes appels sortants, qui permettent de traiter au mieux les flux d'appels entrants et sortants ;

- Mais aussi de la GED : Gestion Électronique des Données, pour le traçage, le traitement et l'archivage, de tous les flux papier, notamment les courriers et fax Client. Sans oublier les outils de création, de suivi et d'archivage des tickets d'escalade des demandes Client qui ne peuvent pas être traitées, en ligne ou en face à face ;

- Enfin, et ils sont indispensables avec le développement du Numérique : univers omnicanal du Client, de tous les outils Client sur Internet d'aide à la réalisation des achats ou des souscriptions : e-commerce ; contributifs à la résolution des demandes Client : informations, réclamations, etc., sans oublier les outils d'échanges, comme les tchats, les emails ou le click to call.

Pour clore ce sujet, insister sur le fait que les Outils Client ne doivent jamais être pensés et choisis sans les rapprocher des Processus, des Méthodes et des Organisations Client qu'ils sont censés servir est une raisonnable précaution.

Un outil restera toujours un outil, il ne se substituera jamais à la culture du Client qui est, avant tout, une démarche d'êtres humains au service du confort et de la satisfaction d'autres êtres humains !

12. Quels indicateurs de mesure ?

Ce qui n'est pas mesuré n'a pas de sens, car il n'ouvre ni à l'amélioration ni au progrès.

La culture du Client ne déroge pas à cette règle. *« On ne gère bien que ce que l'on mesure bien. »*

Les indicateurs de mesure de la culture du Client, via la Gestion de la Relation Client, sont divers et variés. Ils peuvent être classifiés en trois catégories :

- Les indicateurs de Qualité, de Satisfaction Client ;
- Les indicateurs de Productivité, de Rentabilité ;
- Les indicateurs de Coûts.

Pour sortir des sentiers battus, parce que la culture du Client ne se complaît pas dans la standardisation, je ne vais pas me livrer ici à une liste exhaustive de tous les indicateurs de mesure, connus et pratiqués, mais plutôt aborder les plus pertinents. Et, en particulier, comment ils peuvent être judicieusement utilisés, au service de la satisfaction du Client au meilleur coût.

Une chose est sûre, il ne faut pas se tromper dans les priorités. La satisfaction du Client, donc la Qualité, délivrée et perçue, est l'objectif ; le seul qui permette d'atteindre tous les autres.

Rationaliser et automatiser des organisations pour ensuite les sous-staffer, donc les mettre dans l'incapacité d'apporter une pleine satisfaction au Client, s'avère être un très mauvais calcul.

Mesurons ainsi la satisfaction du Client et tout ce qui est directement relié à elle !

Commençons par la mesure de la qualité délivrée. Est-ce que la culture du Client conduit la Marque à délivrer à son Client un service conforme aux engagements pris et au prix payé ?

Sont concernés tous les processus Métiers interagissant, directement ou indirectement, avec le Client. Nous parlons, par exemple, de la mesure de la *« commande parfaite »*, depuis la commande faite par le Client jusqu'à l'usage, par ce dernier, du produit ou du service commandé. Il y a aussi la *« facturation et le recouvrement parfaits »*, *« la contractualisation, la mise en service, l'installation, parfaites »*, etc.

Les moyens de mesure de la qualité délivrée sont divers et variés. Ils peuvent combiner entre eux les taux de retours SAV ; de refus de produits ; d'annulation de services ; d'avoirs ou d'annulations sur factures ; de gestes commerciaux sur litiges Client ; de retards sur commandes, sur livraison ; d'insatisfaction vis-à-vis de la Marque via les raisons de contacts auprès de la Gestion de la Relation Client, mais aussi les commentaires sur les forums Internet, comparables aux raisons de contacts, pour certains d'entre eux ; de contacts et de réclamations à l'assistance technique, au SAV ; de réitération des contacts : First Contact Resolution ; d'attrition Client : churn nouveau Client et ancien Client.

Ils concernent aussi les monitorings Qualité sur la résolution définitive des demandes Client : écoute à distance ou double-écoute des conseillers, avec la complétude de grilles d'écoute et débriefing à l'issue.

J'ai volontairement écarté les *« appels mystères »*, parce que leur rapport qualité/coût est contestable. L'expérience m'a effectivement montré que les appels mystères ne permettent pas vraiment d'améliorer la résolution définitive des demandes Client, donc la satisfaction Client.

Je n'ai pas évoqué non plus la Qualité de Service - QS : % des contacts Client traités sur les contacts présentés, dans un espace-temps donné ; la DMC : durée moyenne de traitement, etc., qui ont certes un impact sur la satisfaction Client, la productivité et la rentabilité, mais sans commune mesure avec ce qui a été développé ci-dessus et ce qui va suivre.

Avant de passer à la mesure de la Qualité perçue, il semble utile d'affirmer que la mesure de la qualité délivrée - très normée : certification Iso, certification Centre de Relation Client via la norme NF EN 15838, donne de la visibilité et accompagne la Marque dans son processus d'amélioration continue de tout ce qui est produit, par ses Métiers.

Abordons maintenant la mesure de la qualité perçue.

Est-ce que la culture du Client conduit le Client à dire du bien de la Marque, lui donne envie de la recommander autour le lui ?

Ce fameux *« bouche-à-oreille »* dont l'efficacité n'a rien à envier aux argumentations marketing et commerciales.

Pour le vérifier, il existe un bon indicateur de mesure, le NPS : Net Promoter Score ; bien dans l'ère du Numérique et des réseaux sociaux. Parce que comme une artiste, la Marque a ses fans et ses détracteurs ; pas seulement les clients, mais aussi les prospects et les utilisateurs digitaux.

Quelques mots à propos du NPS. Sa définition usuelle : *« Le NPS est l'outil d'évaluation de la propension des clients à recommander les produits de la Marque ou la Marque elle-même, sur une échelle de mesure de 1 à 10.*

Son calcul s'établit comme le pourcentage ou nombre de promoteurs moins pourcentage ou nombre de détracteurs. Le résultat de ce calcul doit être positif. ».

Connaître son NPS est, pour la Marque, l'une des démarches les plus pertinentes de sa culture du Client. Il s'agit, à ce niveau, de perception, de ressenti, de voix du Client.

Et qui d'autre que le Client peut parler de sa propre satisfaction ou insatisfaction ? La Marque, lorsqu'elle le fait elle-même, cela ressemble plus à de l'autosatisfaction avec toutes les dérives subjectives induites qu'à l'appréciation objective de ce que pense et vit le Client.

En synthèse, une culture du Client, qui vise juste, dispose en continu d'un nombre de données objectives sur la satisfaction du Client, lui permettant d'être à la fois réactive et proactive.

Et ceci, pour améliorer les Processus, les Outils, les Méthodes et les organisations des Métiers de la Marque, en interaction directe ou indirecte avec le Client.

Une culture du client, qui vise juste, mesure aussi, sur des périodes données, les ratios : nombre de contacts par Client actif et coût de contact par Client actif.

Faire baisser sensiblement ces deux ratios est un des défis permanents de la culture du Client, pour une satisfaction du Client au meilleur coût ; et pas au moindre coût !

Investir prioritairement dans tout ce qui rend le Client content de son expérience avec la Marque, plutôt que dépenser des millions à réparer, manquements et faiblesses !

13. Cas concret !

La culture du Client et l'épanouissement des acteurs de la Marque sont étroitement et intrinsèquement liés. L'un stimule l'autre et inversement. Ils obéissent aux mêmes valeurs. Servir, encore et toujours, avec considération et respect des engagements pris ; avec la fierté du devoir accompli.

Comment la culture du Client, peut-elle faire grandir les acteurs de la Marque, les aider à s'épanouir ?

En leur permettant de se dépasser, individuellement et collectivement, par le biais de succès Client, faits d'audace et de bon sens.

Ainsi, voici comment, les équipes locales et moi-même en qualité de Directeur, avons redressé, en quelques semaines, un site de production Client important, quasiment à l'arrêt, avec l'ensemble des indicateurs Marque et Client, dans le rouge.

Situation à laquelle j'ai été confronté, dès mon arrivée :

- 40 % d'erreurs sur les bulletins de salaire, avec un vif mécontentement de la majorité des acteurs du site, en pleine période de fête religieuse ;

- 100 % de turnover annuel, alors que la formation d'intégration était de 5 semaines ;

- 15 % de malus qualité sur les factures Client, dont 3 prestigieux ;

- Conflits résiduels et perte de confiance dans le Management, tant dans celui du Support que dans celui de la Production Client ;

- Résultats financiers du site dans le rouge, depuis plusieurs mois consécutifs ;

- Volonté du Client le plus important d'envisager une sortie, si des mesures drastiques n'étaient pas prises, en vue de respecter les engagements de satisfaction des clients finaux...

Fort de ce constat, à la fois désastreux et stimulant, réalisé sur place, et alors que j'avais carte blanche, de la part des dirigeants de la Marque, pour « *couper toutes les têtes* » que je voulais, j'ai pris choisi de faire fi de tout ce qu'on avait pu me dire, en me missionnant ; de laisser agir mon instinct du Client et de l'Humain, couplé à mon sens de l'analyse et du comment faire pour redresser des situations difficiles, appris à l'école de la vie et du terrain.

La première décision que j'ai prise a été de faire du redressement du site, essentiellement dédié à la Gestion de Relation Client, le succès de tous les acteurs de la Marque sur place : membres du comité de direction, managers et équipiers ; mon rôle étant celui d'un chef d'orchestre.

Avec la volonté et l'ambition de faire que chacun se découvre et trouve du plaisir à changer la donne, à s'investir sachant que la reconnaissance sera au rendez-vous ; que les marques signataires n'aient plus envie de partir et aussi et surtout, que les clients finaux soient pleinement satisfaits ; qu'aucun salarié du site ne perde son emploi.

Défis que je lançais, en même temps, à ma hiérarchie.

La seconde décision a été de faire de la culture du Client, le moteur du redressement.

Par quelle magie 500 équipiers et managers démotivés, se remettraient-ils à travailler, sans compter ni leur investissement ni leur temps ?

Par la magie du Client, bien sûr !

La mise en œuvre de la culture du Client, du site directement et indirectement de la Marque ; le passage au vert de tous les indicateurs Qualité, Productivité et Rentabilité, sont devenus le défi quotidien de tous :

- Avec ce slogan fédérateur, pour flambeau : « *Tous pour un, le Client !* » ;

- Avec la promesse d'une politique des Ressources Humaines épanouissante, en réponse aux attentes très fortes des managers et des équipiers ; notamment en termes d'évolution et de motivation au résultat.

Dans les grandes lignes, la démarche adoptée d'un commun accord a été la suivante :

- Interview, par mes soins, de l'intégralité des managers du Support et de la Production ainsi que de 100 équipiers sur 500, en vue de comprendre les raisons qui ont fait que le site soit dans le rouge partout, mais aussi d'identifier les meilleurs performeurs Client sur place, afin de montrer à tous que les défis, même s'ils sont ambitieux, sont réalistes et réalisables.

    Un bon diagnostic conduit aux bons remèdes ;

- Commande à chaque manager Métier : recrutement ; formation ; planification ; logistique ; IT ; responsable de compte Client ; directeur d'activité ; chef de Plateau ; chargé de la vigie ; responsable des moyens généraux ; superviseur, etc., d'un Plan d'Action, en mode projet.

    En vue d'améliorer tout ce qui pouvait et qui devait l'être ; chaque manager Métier étant tenu de réaliser un état des lieux, avant de définir les chantiers ainsi que les actions à mettre en œuvre ;

- Information de la démarche aux marques clientes du site afin de les impliquer le plus en amont possible dans le processus de redressement, dont elles étaient aussi fortement demandeuses, même si certaines n'y croyaient déjà plus ;

- Mise en place d'ateliers de travail avec les managers et leurs équipiers, afin d'élaborer les plans d'action détaillés par Métier : identification et description des actions prioritaires à accomplir, le plus possible en mode *« victoires rapides »* ; définition des jalons clés, des livrables, des indicateurs de mesure, de reporting et de suivi ;

- Réorganisation du comité de direction, limité à 4 top managers au lieu de 10 auparavant, pour une meilleure coordination et efficacité ;

- Réalisation d'une cartographie des performances Client des équipiers, par niveau d'atteinte des indicateurs Qualité et Productivité objectivés.

Bilan au démarrage du projet de redressement : 25 % des équipiers en zone de performance verte ; 60 % en zone de performance orange et 15 % en zone de performance rouge.

Ceci en vue d'adapter les mesures de mise ou de remise à niveau, selon les difficultés rencontrées et selon le chemin restant à parcourir : autonomie pour les équipiers en zone de performance verte ; coaching par leur superviseur pour les équipiers en zone orange et sortie de la Production pour les équipiers en zone rouge, avec un accompagnement renforcé : mise en place de marguerites de coaching ;

- Chasse à toutes les tournures négatives dans les consignes, les règles écrites ; égayement de 300 positions de travail avec des smileys : la culture du Client commence par des sourires…

Et la restitution des managers et de leurs équipiers a été remarquable, tant au niveau du Support qu'au niveau de la Production.

40 chantiers prioritaires, avec 10 actions par chantier, ont vu le jour, ont été pilotés et menés à bien.

Chacun sur le site s'est senti investi d'une noble mission au service de l'Humain et du Client, à savoir celle de préserver plus de 500 emplois et de satisfaire les milliers de clients Particuliers et Professionnels des Marques qui interagissaient avec les équipes, au quotidien.

Nous tous avons été fiers de montrer de quoi nous étions capables ; un immense défi, à l'image de ceux dans le sport.

Avec la culture du Client, inexistante ou définitivement perdue depuis des mois, comme principal moteur du redressement, associée à beaucoup d'écoute, de pédagogie, d'engagement, de considération et de respect, les résultats ne se sont pas fait attendre.

80 % des indicateurs dans le rouge sont passés au vert, en moins de 12 semaines !

La cartographie des performances Client des collaborateurs a viré au vert, avec plus de 75 % d'entre eux dans cette zone !

Les compliments et les visites de toutes parts se sont enchaînés !

Mais là n'était pas notre plus grande satisfaction.

La reconnaissance des dirigeants a ceci d'éphémère qu'elle ne se substitue en rien à celle de 500 collaborateurs qui arrivent le matin avec le sourire aux lèvres ; qui ont trouvé un sens à leur travail ; à celle des managers qui se décarcassent chaque jour pour développer des outils d'accompagnement et de pilotage de la performance ; enfin, à celle des clients finaux qui témoignent de leur satisfaction envers la Marque, en laquelle ils ont placé leur confiance.

Et la culture du Client l'a emporté. L'Humain à l'exercice de son activité professionnelle a grandi grâce à elle.

Une formidable aventure professionnelle, comme seule la Passion du Client, avec un grand P, sait faire vivre.

Et que beaucoup d'entre vous ont certainement vécue ou vivront un jour.

14. La Marque, doit-elle s'accommoder de la volatilité Client ?

Répondre « *oui* » à cette question, c'est assurément bouleverser les pratiques commerciales et marketing, bien ancrées, qui visent à faire de la Fidélisation Client l'un des chevaux de bataille des marques.

Tant pis, j'ai décidé de le faire sans la moindre hésitation ici, parce qu'il est hasardeux de persister dans ses croyances, en soutenant que le Client, de plusieurs années par exemple, est naturellement fidèle, et ceci, dans une conjoncture économique et sociétale aussi difficile, avec une concurrence aussi forte et aussi agile, considérablement soutenue par le Numérique via les comparateurs et les autres outils d'aide à la décision et au développement du Client.

Non, les clients ne sont pas fidèles, ils n'ont jamais été aussi volatiles et cela est parti pour durer !

Aucune Marque ne détient ni de véritables certitudes ni de recettes miracles, en matière de fidélisation, a fortiori durable.

À l'évidence, la Marque qui ne montre pas une réelle capacité d'adaptation ainsi qu'une agilité à améliorer exceptionnelle, pour ne pas dire extraterrestre : produits ; offres ; prix, tarifs ; anticipation et correction des dysfonctionnements, s'expose inévitablement à la volatilité Client.

S'accommoder de la Volatilité Client, c'est-à-dire admettre que le Client est libre de ses choix et peut à tout moment, quel qu'en soit la raison, choisir une autre Marque, est pour moi de l'intelligence, puissamment contributive à la culture du Client.

Aussi, comment se rassurer pour la Marque, si elle admet l'hypothèse de perdre des clients par centaines, par milliers ?

Tout simplement, commencer par changer de l'intérieur et vis-à-vis de l'extérieur :

- Changer sa façon de penser, de décider et d'agir avec le Client ainsi qu'avec les acteurs internes et externes. Parce que, comme déjà dit, ils forment un ensemble vertueux ;

- Redéfinir son modèle économique ;

- Revoir sa stratégie de conquête Client, notamment en la rendant plus sélective. Parce que recruter en masse et parfois au forceps des centaines, voire des milliers de clients, pour atteindre les objectifs fixés, à court terme, après des années de gaspillage, est irraisonnable sur le moyen et long terme. C'est la mort annoncée du Client, pour ne pas dire de la Marque ;

- Revoir en parallèle sa vision Client avec un focus accru sur la Création de Valeur réciproque pour la Marque et pour le Client, comme vu précédemment. Des clients qui gagnent plus font gagner plus !

Dans la mesure où le Client, à chaque fois qu'il interagit avec la Marque et réciproquement, est plongé dans un univers de satisfaction tel qu'il n'hésite pas à dépenser sans compter sur le moment, le résultat est bien meilleur que celui de tout faire pour le retenir ; parfois dans des situations de mécontentement où les carottes sont déjà cuites depuis longtemps !

Pourquoi ?

Parce que le Client aura naturellement envie de revenir acheter, souscrire, lorsqu'il aura le souvenir de moments inoubliables avec la Marque ; et cela peut tenir à des détails.

Et s'il ne le fait pas, le Client saura recommander la Marque à ses proches, à ses amis, à ses relations. Un *« bouche-à-oreille »* tellement plus efficace que bien des programmes de conquête et de fidélisation, fort coûteux pour des retours loin d'être à leur hauteur.

Par ailleurs, si la Marque constate une hémorragie importante en termes de volatilité Client, il est souvent trop tard pour la juguler.

Les marques, qui ont d'ores et déjà un taux d'attrition supérieur à 20 %, même si c'est courant dans leur secteur d'activité, ont de sérieux soucis à se faire sur leur pérennité, en particulier si elles ne changent pas de modèle économique, de stratégie Client ; si elles ne donnent pas de la créativité et de l'innovation à leur culture du Client.

En synthèse, s'accommoder de la Volatilité Client est la meilleure façon de la contrôler de manière préventive, tout en gardant les programmes de fidélisation, essentiellement pour le curatif. Sans leur donner plus d'importance qu'ils ne doivent en avoir, comparativement à la création de Valeur Client, même si cette création est parcimonieuse, occasionnelle ou à intervalles de temps irréguliers.

15. La culture du Client dans l'univers du Client moderne

À voir le nombre de termes, pour la plupart anglo-saxons, qui pullulent dans l'univers du Client moderne, difficile de ne pas admettre qu'il s'y passe des choses importantes qui vont profondément modifier les comportements et les usages.

Et l'une des plus importantes est cette orthèse intellectuelle digitale mobile d'une puissance remarquable qu'est le smartphone.

Le Numérique est arrivé avec les NTIC : Nouvelles Technologies de l'Information et de la Communication. La culture du Client a maintenant un challenger de poids, avec un Client qui voyage, à son gré, dans deux univers : l'univers physique et l'univers numérique.

Avec à sa disposition de multiples canaux d'accès : points de vente traditionnels ; vente par téléphone ; VPC ; Numérique fixe et mobile avec sites Web, smartphones, tablettes, consoles de jeux, kiosques, réseaux sociaux, catalogues en ligne, qui favorisent un nomadisme du Client, encore plus accentué.

Un véritable casse-tête pour les marques que celui de devoir définir et mettre en œuvre leur stratégie Client omnicanal. Remarque : ce travail doit être fait avant toute transformation digitale de la Marque.

Les marques se doivent d'être présentes sur tous les canaux. En négliger un seul serait pendre le risque, pour elles, de perdre la part de marché et de chiffre d'affaires, correspondante.

On parle maintenant de web-to-store, store-to-web, full digital ou encore full store, autant de lieux d'achats où le Client commence à naviguer, avec de plus en plus d'assurance.

Et avec ce courant en vogue, de nouveaux profils Client, que je me suis permis de qualifier à ma façon, sont apparus dans l'usage du numérique :

- **Numérique actif :** Client multi équipé en numérique : smartphone et tablette ; orienté Marque ; acheteur en ligne averti regardant à la fois le prix et les produits ou les services, attaché à ce qu'ils répondent à ses besoins, à ses attentes ; actif sur les réseaux sociaux ;

- **Numérique relax :** Client bien équipé en numérique : smartphone et tablette ; acheteur en ligne pour le prix et la commodité : simplicité, gain de temps ; actif sur les réseaux sociaux ;

- **Numérique fouineur :** Client équipé d'un smartphone et de l'Internet sur PC ; acheteur en ligne, principalement pour le prix, de produits ou de services déjà très digitalisés ou proches de la VPC ; moyennement ou pas actif sur les réseaux sociaux ;

- **Numérique craintif :** Client peu équipé en numérique, voyant l'Internet comme un risque ; acheteur en ligne, essentiellement pour le prix, de produits ou de services déjà très digitalisés ou proches de la VPC ; pas actif sur les réseaux sociaux.

Cependant, le virage est loin d'être complètement pris. En effet, malgré le Numérique et les changements de comportements qu'il induit, le Client reste encore très traditionnel dans sa manière de procéder.

Réalisant la majorité de ses achats dans les magasins physiques, en raison de l'interaction avec le produit : vision ; essai ; disposition, mais aussi de la praticité : pas de frais de port ; carte de fidélité ; proximité.

Ce que le Client « *moderne* » apprécie de faire particulièrement : rechercher ce dont il a besoin tranquillement sur l'Internet fixe ou mobile. Et ensuite venir voir ; toucher ; essayer et retirer son produit en magasin.

Le Numérique n'éloigne pas le Client du Physique. Bien au contraire, il ne l'a jamais autant rapproché. Il change cependant le comportement des commerciaux des marques, laissant au vestiaire les méthodes d'hier, pour privilégier le conseil « *éclairant et orientant* ».

Face à un Client averti et avec l'embarras du choix au regard de l'ampleur du catalogue de produits et de services, disponible sur Internet, le conseil, notamment en vue de l'orienter et de le rassurer, est déterminant.

Avec l'Internet, l'offre pour le Client est bien plus large que ce qu'il peut trouver dans un magasin physique, confronté à des problèmes d'espace, de stockage. Mais les marques ont trouvé une parade à cela, en équipant leurs commerciaux de tablettes.

Le Client a à sa disposition tous les canaux physiques et numériques pour interagir avec la Marque, soit pour ses achats, soit pour ses demandes, avant et après-vente ou souscription.

Le défi majeur à relever pour la culture du Client, donc pour les marques, dès maintenant et pour les années qui viennent, est celui de pouvoir délivrer au Client le même niveau et la même qualité de service, quel que soit le canal emprunté.

Ceci est un souhait fort du Client que les marques peinent à satisfaire, en particulier celles qui passent par des distributeurs ou des prestataires de services externes.

La culture du Client doit désormais être imaginée et organisée comme si le Client évoluait dans un Espace Virtuel Unique.

Rien de plus désagréable pour un Client que de se faire balader d'un canal à un autre ; d'avoir à reconstituer lui-même, par les sollicitations qui lui sont faites, le parcours de traitement de sa demande.

C'est ce que j'appelle la *« salamisation du Client »* : une Marque pour le Client, mais plusieurs marques dans les faits, selon les difficultés rencontrées.

Pour relever avec succès le challenge de l'omnicanal, la culture du Client doit s'évertuer à donner la même identité et la même efficacité à tous les canaux ; tout en veillant à interagir, le plus possible, dans celui préféré par le Client. Sans outils appropriés, type CRM, permettant de tracer et de relier entre eux tous les canaux utilisés par le Client, la tâche s'avère quasi insurmontable.

Enfin, un environnement numérique est à ne surtout pas négliger, à savoir celui des réseaux sociaux, des forums, des plateformes en général. Là où les utilisateurs numériques, les prospects et les clients interagissent avec la Marque. Là où se lâchent autant les promoteurs que les détracteurs, via leurs avis ou leurs témoignages. Un *« bouche-à-oreille numérique »* qu'il convient d'entretenir, par le biais de Community Managers expérimentés.

En synthèse, le numérique via l'omnicanal donne au Client encore plus de pouvoir sur la Marque.

À la fois, libre et assisté, dans ses choix, courtisé de toutes parts : multiplication des e-mailings, et utilisateur curieux des comparateurs, le Client doit faire l'objet de toutes les attentions : cocooning créatif et proactif.

16. Assurer le meilleur équilibre entre qualité et productivité

« Bien servir sans faire attendre » est un des défis de la culture du Client. Chose que les commerçants de proximité appliquent depuis des lustres, en ardents défenseurs et en fidèles serviteurs de la culture du Client, qu'ils sont, même si chez eux, elle est plus intuitive que formalisée.

Derrière, *« bien servir »*, se dessinent les attentes du Client, en matière d'accueil, de satisfaction, de résolution, de conseil, d'accompagnement, de considération, de séduction, d'incitation à revenir, de tenue d'un discours clair, précis, concis et surtout exact, d'honnêteté, de reconnaissance, de récompense ; tout ceci sous le chapeau de la Qualité.

Derrière, *« sans faire attendre »*, il y a bien sûr le souhait du Client, car son temps est précieux, comme pour tout le monde, et d'autant plus quand il a été poussé, par les événements, à faire une démarche dont il aurait pu se passer ; mais aussi la volonté de la Marque de limiter les facteurs de mécontentement Client.

Sous le chapeau de la Productivité au service de la Qualité, il y a le respect des délais de prise en compte et de réponse, notamment pour l'écrit ; la résolution définitive des demandes Client afin d'éviter toute réitération, génératrice de flux imprévus, donc non staffés, et d'insatisfaction.

Avoir une bonne productivité comporte, au-delà de l'impact sur la Qualité Client, un intérêt certain, en particulier pour les prestataires de services des marques. Pour eux, les temps d'attente et de traitement des demandes Client ont des incidences directes sur leur rentabilité ; la plupart étant rémunérés à l'acte sur des activités stables et à l'heure sur de nouvelles activités, sans historique sur les indicateurs de Productivité et de Qualité. Leurs marges sont faibles, fortement obérées par la masse salariale.

Pour les marques ou les prestataires de services des marques, il n'est guère aisé de trouver, en toutes circonstances, le juste équilibre entre Qualité et Productivité ; et plus exactement que l'une n'agisse pas au détriment de l'autre et inversement.

La réussite de ce défi, nerf de la guerre de la Gestion de la Relation Client : Pôle Production / Opérations Client, passe essentiellement par un management terrain, capable de faire preuve d'une grande agilité et d'une réactivité sans faille.

Management opérationnel à même de sortir les équipes de toutes les situations de crise ou exceptionnelles qui se présentent et d'en minimiser les conséquences.

Même si la Marque s'améliore, en continu, sur l'intégralité du Processus de WFM : Workforce Management, combinant la prévision des flux ; la planification des ressources et la gestion en temps réel sur le terrain des écarts de prévision ou de planification, il n'en reste pas moins que le chemin à parcourir, pour tendre vers l'Excellence, est encore long. C'est le cas notamment pour les structures Client de taille importante, à fort turnover, donc à renouvellement constant des acteurs opérationnels, garants et gardiens, de la culture du Client.

Un management terrain agile et réactif, qu'est-ce exactement ?

Un management Production/Opérations Client :

- Qui est le porte-drapeau, connu et reconnu, de la culture du Client ;

- Qui fait face aux situations, notamment de surchauffe, sans abréger les traitements des demandes Client, pour ne pas dégrader le FCR : First Contact Resolution ;

- Qui fait preuve de discernement, en évitant, le plus possible, d'ajouter au stress de ceux en contact au quotidien, avec le Client.

La culture du Client se doit de supprimer tout ce qui est anxiogène, tant pour le Client que pour les acteurs de la Marque, directement à son service.

Les managers terrain, en cas de pics d'activité Client imprévus, facteurs de déséquilibre entre la Qualité et la Productivité, doivent faire preuve d'une agilité, faite d'automatismes et de pragmatisme :

- Veille sur les temps de pause des collaborateurs : relation à distance, mais aussi en point de vente ou espace Client, parce qu'il n'y a rien de plus désagréable pour un Client que de devoir attendre, avec des chaises vides en face de lui ou des gens, censés le servir, qui discutent tranquillement, sans se soucier de lui ;

- Activation de messages de dissuasion Client, sur le dispositif de téléphonie ;

- Invitation courtoise et souriante, faite au Client, en vue de patienter, avec un livre, un café dans le cas d'un espace physique : évitement du mécontentement, facteur d'accroissement du temps de traitement, donc de dégradation de la productivité ;

- Et certainement pas, pression sur les équipes pour traiter plus vite les demandes Client ou les clients, présents en points de vente.

Les meilleurs managers Production/Opérations Client sont ceux qui savent protéger leurs équipes des conséquences anxiogènes des imprévus, afin qu'elles conservent, à la fois le sourire et le discernement nécessaires, pour traiter efficacement et définitivement les demandes Client.

En résumé, la culture du Client aide à un meilleur équilibre entre Qualité et Productivité, si et seulement si, la Productivité est gérée, en toutes circonstances, de manière intelligente par les managers opérationnels.

Leur rôle consiste :

- À corriger, par des débriefings hors production, les écarts de performance des collaborateurs, par rapport aux durées « étalon » requises et mesurées : time tracking, pour traiter définitivement et au premier contact ou à la première visite les demandes Client ;

- À initier des sessions de coaching ou de formation. Mais jamais en situation, parce que cela serait immédiatement au détriment de la Qualité.

Avoir le *« sens du Client »* pour un manager terrain est plus qu'un comportement, c'est l'Art du faire faire non anxiogène et centré sur la satisfaction Client.

Qu'adviendrait-il de la Rentabilité, de la Qualité, avec une Productivité obtenue au forceps, en mettant dans le rouge les équipes ; ceci ne manquant pas de rejaillir sur la satisfaction Client ?

17. La culture du Client au secours du mécontentement

Un Client mécontent est un client qui passe du « *Oui* » de la confiance, au « *Oui, mais* » du doute, parfois même directement au « *Non* » de la coupe est pleine !

Toute la vertu de la culture du Client est de retirer le « *mais* » en tentant de restaurer la confiance du Client dans la Marque ; confiance qui a pu être entamée, tout du moins temporairement.

Avant d'aller à la solution, livrons-nous, à un bref diagnostic !

Quelles peuvent être les principales raisons de mécontentement du Client :

➢ Non-respect de la promesse commerciale initiale ;
➢ Produit ou service, mal vendu ou survendu ;
➢ Erreurs sur le prix, les tarifs ;
➢ Augmentation des prix, des tarifs, découverte sur la facture ;
➢ Livraison non conforme à la commande ;
➢ Date de livraison dépassée ;
➢ Mauvaise qualité du produit ou du service ;
➢ Attente trop longue, en point de vente, au téléphone ;
➢ Non-respect des conditions générales de vente, de service ;
➢ Non résolution définitive des demandes ;
➢ Comportement négligeant, indélicat, manque de considération ;
➢ Absence de reconnaissance, de gestes commerciaux spontanés ;
➢ Communication ambiguë ;
➢ Liste non exhaustive.

À présent, comment la culture du Client, vient-elle au secours du mécontentement Client ?

Tout simplement, parce que rien ne doit être compliqué dans l'environnement du Client, au risque de l'agacer, de le perdre :

- Bien comprendre l'origine et la nature du problème du Client. C'est essentiel pour le résoudre.

- Vérifier qu'il ne s'agit pas d'un souci récurrent, afin d'évaluer le niveau de confiance du Client dans la Marque qui subsiste, à ce stade ;

- Ajuster les mesures de résolution proposées à la gravité de la situation rencontrée par le Client ;

- Apporter une réponse définitive, dans le respect des procédures ;

- Dire la vérité sur les raisons des dysfonctionnements, parce que le Client est loin d'être idiot ;

- Énoncer et expliquer les actions, présentes ou futures, réalisées ou à réaliser, dans le cadre du processus de résolution. Si une réponse ne peut pas être apportée immédiatement, indiquer au Client les différentes étapes ; le nom des intervenants et les délais nécessaires pour le faire ;

- Ne pas hésiter à accorder un geste commercial spontanément ou par anticipation, s'il y a un préjudice avéré pour le Client ;

- Garder son calme afin que le Client soit en mesure de retrouver le sien.

En résumé, faire preuve d'une culture du Client résolutive, en vue de pouvoir répondre par l'affirmative aux trois questions suivantes, au terme du processus de traitement du mécontentement Client :

- La demande du Client, a-t-elle été définitivement résolue ?

- Le Client, ne reviendra-t-il plus pour une demande identique ?

- La confiance dans la Marque qui aura pu être altérée, a-t-elle été restaurée, lors du contact avec le Client ?

Ne pas omettre également de renseigner dans les outils : informatique de gestion Client, CRM, la raison évoquée par le Client pour justifier son mécontentement ; celle qu'il aura exprimée et pas celle qui aura été interprétée.

Une meilleure connaissance des raisons du mécontentement du Client permet à la Marque de mieux cibler les Processus ; les Outils ; les Méthodes et les Organisations à améliorer et à surveiller, en priorité.

18. Externaliser tout ou partie de sa culture du Client ?

Une Marque, peut-elle externaliser sans risque sa culture du Client ?

La réponse est « *oui* », mais dans certains contextes et sous certaines conditions.

Confronté à cette décision, à plusieurs reprises dans mon parcours d'apprentissage du Client, voici les situations pour lesquelles l'externalisation a été une réussite, avec les risques pris, identifiés et évalués a priori :

- Culture du Client bien ancrée chez la Marque, avec une stratégie Client clairement définie et opérationnelle ;

- Processus, Outils, Méthodes et Organisations, garants de la culture du Client, bien rôdés en interne, avec une note Qualité Client, délivrée et perçue, témoignant d'un niveau de satisfaction Client élevé : plus de 95 % des clients satisfaits ;

    L'externalisation est particulièrement risquée lorsque les Processus ; les Méthodes et les Outils, de la Marque, ne sont pas stabilisés, donc objets de dysfonctionnements importants. Les risques sont du même type que ceux rencontrés lors d'un changement majeur, opéré sans avoir préalablement stabilisé l'existant ;

- Structure de coordination et de suivi des prestataires de services externes de la Marque, pensée, organisée et opérationnelle, si possible dès le démarrage des discussions avec les prestataires de services potentiels, aussitôt que la question de l'externalisation se pose ;

- Détachement de salariés du Support et des Opérations Client de la Marque, à temps plein ou dans le cadre de missions, mobiles géographiquement. L'encadrement doit être et rester celui du prestataire de services, afin d'éviter tout lien de subordination et toute ingérence ;

- Stabilité des activités culture du Client confiées, des offres et des clients. Éviter le plus possible de confier des nouveaux clients ou des clients ayant acheté de nouveaux produits ou souscrit à de nouvelles offres, surtout quand les processus métiers de la Marque ne sont pas bien calés.

- Leader et gardien de la culture du Client expérimenté dans la mise en place, la coordination et le suivi des prestations externes. L'approximation n'est pas possible, car les enjeux pour la Marque sont majeurs, tant en termes d'image que de coûts.

- Processus de choix des prestataires externes en place, avec soutenance en présence des instances décisionnaires : dirigeants ; achats ; leader de la culture du Client, etc.

Toute externalisation réalisée à la hâte, dépassée par la volumétrie Client liée, soit à un fort développement de la base Client de la Marque, soit à des dysfonctionnements des Processus, des Méthodes et des Outils, importants, dont ceux hébergeant la culture du Client ou les deux car ils vont souvent de pair, est assurément périlleuse pour la Marque : dérapage du taux d'attrition ; mise en danger de la rentabilité. Il faut parfois recruter jusqu'à 40 % de nouveaux clients en plus, pour compenser le nombre et la perte de marge des anciens clients qui ont tourné le dos à la Marque.

Préconisation : « *Oui* » pour externaliser la culture du Client ; « *Non* » pour le faire en situation de crise, de mise en risque évidente de la Marque et du Client.

Quoiqu'il en soit, ne jamais externaliser l'intégralité de la culture du Client !

Ce serait, isoler et priver la Marque de cette grande richesse d'informations, obtenues directement ; informations qui lui permettent d'évaluer l'impact et le bénéfice Client de toutes ses actions, donc la déconnecter de sa culture du Client.

19. « *Le client est roi !* », un slogan éculé ?

Oui, sans hésiter !

Admettre que le Client n'est pas « *roi* » peut paraître une non-culture du Client.

Pourtant, si nous regardons de plus près, que cache l'affirmation « *le Client est roi* », mise en avant au gré des situations, par les dirigeants et les managers de proximité ?

- Bien souvent, plus une volonté pieuse qu'une réalité affirmée au quotidien ;

- Un concept emprunté, avec une faisabilité opérationnelle parfois très contestable ;

- Presque une forme de culpabilisation imposée aux équipes par les dirigeants, les managers, afin qu'elles aient conscience de la Qualité de service, délivrée au Client ;

- Une invitation à se soumettre, dans l'illusion du mieux servir.

Pas très fair-play pour les équipes qui supportent de plein fouet la charge du mécontentement Client, car tout le monde sait que les racines du mal sont ailleurs : dans le fonctionnement structurel même de la Marque !

Et côté Client lui-même, pourquoi n'est-il pas roi de mon point de vue ?

- Parce que le Client n'a pas tous les droits.

- Parce que le Client a des devoirs et des obligations vis-à-vis de la Marque.

- Parce que le Client est un humain en relation avec des autres humains. Et à ce titre, il se doit d'être respectueux, à l'écoute, compréhensif des situations où les responsabilités de son insatisfaction sont ailleurs ; d'éviter de pendre comme boucs émissaires de ses griefs les équipes en contact direct avec lui, pour recevoir et traiter ses demandes.

Alors si le Client n'est pas roi, qu'est-il pour la Marque ?

- Le Client est la Richesse de la Marque !

Et tous les clients sont cette richesse, sans distinction de chiffre d'affaires procuré, de statut social.

« *Richesse* » est le bon qualificatif.

En prendre conscience, à tous les niveaux, des dirigeants aux managers et aux équipes terrain, en passant par les Métiers du Support, est assurément mettre sa culture du Client sur la rampe de lancement qui la conduira à la réussite, sur tous les plans !

20. Pour le fun !

Voici un florilège de situations parfois cocasses, pas pour tout le monde d'ailleurs, puisées dans mes souvenirs. Situations riches en apprentissage du Client, dans ses exigences, mais aussi dans ses facéties.

A. <u>Correspondance avec le Client !</u>
Une de mes managers m'a dit un jour : *« Patrick, tu dois pouvoir chanter, d'un seul tenant, tes courriers de réponse au Client. Si tu es obligé de te reprendre, le Client se reprendra aussi parce qu'il n'aura pas bien compris. Mais aussi contrôle, plutôt deux fois qu'une, les éventuelles fautes d'orthographe ou syntaxiques, parce que c'est une marque de respect envers le Client que de lui écrire avec perfection. »*

<u>Situation</u> - L'assistante de direction d'une agence bancaire écrit à un client important, en commettant une faute sur l'adresse : Société X, 20 rue des Clochards. La bonne adresse est : 20 rue des Clomarts.

Ce courrier est relatif à la mise en liquidation judiciaire de cette entreprise. Je vous laisse imaginer la réaction de ses dirigeants qui ont pensé que c'était volontaire, ayant eu quelques différents téléphoniques avec cette personne. Ils ont d'ailleurs demandé son départ. Fort heureusement, ils n'ont pas eu gain de cause, mais l'assistante de direction a veillé, scrupuleusement désormais, à ne plus rien laisser passer.

B. Indisponibilité du service souscrit !
Imaginez votre grand-père cardiaque ; réfractaire au téléphone portable ; privé de téléphone fixe dans un village reculé en Corse et victime d'un malaise.

Situation - Le manager, en charge du processus de recouvrement des factures impayées, est parti en congé, sans laisser de consignes sur les clients à suspendre ; son adjoint ne s'en est pas inquiété. Conséquence : soixante-dix mille clients ont été privés, par une erreur humaine, de l'usage de leur téléphone fixe, durant tout un weekend prolongé d'un férié ; et parmi eux, le grand-père Corse.

Pas besoin de maintenir le suspense plus longtemps sur qui s'est présenté au siège français de la Marque, dès le mardi suivant, dans une colère folle : son petit-fils ainsi que plusieurs autres membres de la famille, venus manifester leur mécontentement et menacer de porter plainte. Le grand-père, victime d'un malaise grave, a été sauvé de justesse par un voisin, venu chercher du lait.

Il m'a alors fallu faire preuve du plus grand tact et me confondre en excuses, factuelles et sincères, pour éviter le pire. Le petit-fils voulait à tout prix rencontrer le responsable de la situation, pour lui casser la figure.

C. Demande d'un Client, plutôt singulière !
Que faire, quand on mène une vie nocturne bien remplie et que l'on veut éviter que ses proches soient informés des moindres détails ?

Situation - Un Client, porteur d'une carte accréditive de paiement, réservée aux VIP, a demandé un jour à une des conseillères Client de ma direction de modifier le libellé de certaines lignes de son relevé de dépenses, afin que son épouse ne se rende pas compte qu'il fréquentait des établissements nocturnes coquins.

Embarrassée, la conseillère a expliqué que ce n'était pas possible, sans évoquer cette excuse, tellement banale : pour des raisons informatiques.

Le client l'a menacée de se plaindre au Président Directeur Général et d'obtenir son licenciement.

La conseillère est restée de marbre. Et voulez-vous savoir ce qu'il est étonnamment advenu ? Le Client s'est assagi et n'a plus fréquenté ces lieux nocturnes coquins. Moralité : tenir tête à son Client peut rendre parfois service à ses proches.

D. <u>Maladresse de débutant !</u>
Faut-il toujours donner raison au Client ? Certainement pas !

<u>Situation</u> - Un Client est venu se plaindre à un collègue, récemment embauché, du forcing du commercial qui lui a fait souscrire à un service, dont il ne voyait pas vraiment l'utilité pour lui. Devant l'argumentation convaincante du Client, le collègue a pris résolument sa défense, en portant même un avis critique sur le commercial, connu, en plus, pour être arrogant avec les nouveaux arrivants.

Maladresse de débutant, parce qu'il ne faut jamais jeter la pierre à un collègue et a fortiori à la Marque. D'autant qu'en agissant comme il l'a fait, le Client n'a fait que manœuvrer le conseiller en vue d'obtenir le remboursement du service souscrit, alors qu'aucune faute n'était vraiment imputable au commercial.

E. <u>Coffre bancaire faisant office de garde-manger !</u>
Quelle a été ma grande surprise !

<u>Situation</u> - Inondation grave, suite à de très fortes pluies dans la salle des coffres de l'agence bancaire dans laquelle je travaillais, qui a nécessité la convocation de tous les clients, détenteurs d'un coffre.

Et pour les clients qui ne se présenteraient pas, une ouverture forcée de leurs coffres serait faite, par la banque, afin de pouvoir constater les dégâts, avant d'effectuer les travaux de remise en état.

Le coffre de monsieur X, n'ayant pas répondu à la convocation, a donc été forcé par la société qui les avait fabriqués et installés. Et là, à ma grande surprise, j'ai découvert un véritable garde-manger ; pas que des boîtes de conserve, mais aussi des denrées périssables, à croire que le Client avait pour habitude de ravitailler régulièrement son coffre.

Curieux d'en savoir plus, j'ai interrogé le Client, quelque temps plus tard. Et devinez ce qu'il m'a répondu : « *Je crains qu'il y ait un jour une pénurie de nourriture. Alors, je fais cela, depuis plus de dix ans.* »

Ceci n'est pas vraiment dans les conditions générales de service, mais bon, entre les règles et les usages, il y a parfois le bon sens singulier du Client.

F. Galères pour les clients et pour les marques !
Comment faire compliqué, lorsque l'on peut faire simple ? Le sort de bien des clients, quand les marques se renvoient la balle entre services, entre contractants ; avec aussi des situations où le Client a mis en difficulté les acteurs de la Marque, par son comportement, sa mauvaise foi.

Situations - Voici, à présent, pas une, mais plusieurs situations, dont certaines ne manqueront probablement pas de vous rappeler des souvenirs :

- Livraison en plein service de denrées alimentaires laissées au beau milieu de la salle de restaurant par le livreur, en retard de plus d'une heure ;

- 15 correspondances, appels et visites, pour parvenir à avoir gain de cause, au milieu d'une partie de ping-pong, entre un opérateur télécom et la compagnie d'assurances avec laquelle il avait contractualisé, suite au vol du portable, à usage professionnel, d'un avocat ;

- Envoi de documents confidentiels à d'autres personnes que leurs destinataires, faute d'avoir effectué des vérifications, en bout de chaîne d'édition et de mise sous pli ;

- Mon oubli, parce que les patients sont aussi des clients, pendant plusieurs heures, dans un coin caché des urgences d'un hôpital ;

- Affiche sur la porte d'une agence : *« Si vous voulez nous trouver, passez par derrière »*. Les employés avaient décidé de faire une pause pétanque ;

- Colère folle d'un Client VIP, avec menaces de licenciement, parce qu'en tant que Directeur de la Relation Client, je n'avais pas pris le soin de tester un cadeau musical du programme de fidélité. Cadeau que le Client avait décidé d'offrir à son épouse, pour son anniversaire. Je lui ai dit sans me laisser impressionner et prendre au piège de son intimidation : *« Monsieur, avec le respect que je vous dois, si j'avais dû tester un cadeau, cela aurait été celui de la page 124 de notre catalogue : programme de fidélité, à savoir la semaine du milliardaire... »*. Il m'a offert une boîte de calissons, en réparation de son comportement odieux envers moi, quelques jours à peine après *« l'incident »*.

- Comportement d'un commercial quelque peu entreprenant verbalement, vis-à-vis d'une vendeuse d'un grand chocolatier parisien. La propriétaire, folle de rage, a demandé le licenciement sur le champ de ce commercial, à sa directrice, par écrit. Une direction très humaine qui ne l'a pas suivie, car il n'y avait rien de bien méchant dans les paroles.

Aussi, devinez l'idée de génie que la directrice a eue ? Inconnue de la propriétaire, elle a endossé le rôle d'une cliente fidèle ; raison pour laquelle nous avons dégusté, pendant plusieurs semaines, des chocolats lors du comité de direction du lundi. Ainsi, la directrice a su gagner la sympathie de la propriétaire. Et le commercial n'a pas été licencié ; il a pu revenir et présenter ses excuses. La vendeuse concernée et lui sont tombés amoureux ;

- Et pour finir, car la liste des situations pourrait être plus longue encore, cette décision prise, avec mes équipes ainsi que ma hiérarchie, d'afficher partout, y compris dans les salles de pause, les réclamations Client les plus parlantes, en ayant pris le soin d'effacer les noms.

Réclamations qui aident à prendre conscience que tant qu'il existe un Client mécontent, il faut continuer d'améliorer tout ce qui doit l'être.

Conclusion

Ému de finir par trois petits points ce partage, avec vous, chère lectrice, cher lecteur, de mon aventure avec le Client ainsi qu'avec les marques qui m'ont fait confiance et qui m'ont beaucoup apporté, professionnellement et personnellement.

Cependant, cette aventure continue et continuera toujours ; elle est dans mes gènes ; elle est dans mon cœur ; elle est dans mes envies au quotidien.

Mais parce que dans la vie en général et dans la vie du Client avec la Marque en particulier, tout a un début et une fin, j'ai souhaité conclure mon livre ainsi :

« Si la lecture de cet ouvrage, écrit avec la passion de l'Humain, de la Marque et du Client, avec un plaisir chaque jour renouvelé, a déclenché ou a confirmé la mise en œuvre de votre culture du Client, alors il aura trouvé sa vocation, son chemin ; commencé à écrire sa propre histoire. »

Enfin, toujours avoir en tête cette citation de François Michelin :
« Un client qui n'a qu'un seul fournisseur cesse d'être intelligent. »

Bon apprentissage du Client.
Bonne stratégie Client.
Bonne culture du Client.
Bon développement Marque-Client, dans la création de valeur réciproque et la confiance, ciment de la relation.

Remerciements

Merci à Jean-Jacques, à Élisabeth, à Marc, à Serge, à Nathalie, à Jean-Louis, à Jeanette, à Sylvia, à Grégory, à Aurélie, mes dirigeants, mes managers et mes mentors, qui ont cru en moi et en ma créativité, de la start-up au groupe international.

Merci à mes équipes, à leur formidable dévouement, avec une mention particulière pour Véronique et pour Laurence ; deux personnes exemplaires d'engagement, d'intelligence et de sensibilité Client.

Merci à mes parents de m'avoir appris les valeurs et le sens du service, dès mon plus jeune âge ; merci à mes enfants et à mes petits-enfants de donner, à ces valeurs et à ce sens du service, un avenir ; merci à mon épouse de m'avoir encouragé à prendre la plume, comme mes relations et mes amis sur les réseaux sociaux n'ont pas manqué de le faire aussi.

Enfin, merci à vous, chères lectrices et chers lecteurs, d'avoir pris de votre temps, pour découvrir ma vision de la culture du Client.

À propos de l'auteur

Natif de ce beau pays qu'est le Maroc, depuis ma petite enfance, les comportements n'ont pas manqué d'éveiller ma curiosité ; ceux-ci étant, de mon point de vue, de justes révélateurs de la personnalité.

Sensible et persévérant, j'ai beaucoup appris de la vie à travers ma relation avec les autres. Toutefois, je me suis oublié, pendant de longues années, avant d'accomplir la retraite, introspective et spirituelle, qui m'a permis de remédier, en particulier, à un sérieux manque d'assurance et d'attentions à mon égard.

Échanger avec des personnes, connues ou rencontrées par hasard, m'a aidé à porter un regard différent sur le monde dans lequel je vis. Plusieurs d'entre elles ont apprécié mon altruisme et la façon dont il se manifestait, par le biais de chroniques ou de citations publiées sur les réseaux sociaux. Certaines m'ont suggéré d'écrire un livre, ce que j'ai fait avec beaucoup d'émotion et d'application.

Ainsi est né ce premier livre *« La culture du Client »,* fruit de quarante années consacrées à la satisfaction du Client, mais aussi à organiser, à diriger, à redresser, en tant que salarié ou consultant, tout type de structure, en France et à l'international.

D'autres suivront. Des essais, des contes, des romans, des recueils ; fruits d'une écriture spontanée où les mots s'aligneront, dictés par mon cœur et par la richesse de mon parcours. Auteur libre et engagé, je dis ce que je pense et pense ce que je dis.

Belle découverte. N'hésitez pas à laisser un avis à l'issue de votre lecture, il est précieux.

www.ingramcontent.com/pod-product-compliance
Lightning Source LLC
Chambersburg PA
CBHW052338220526
45472CB00001B/472